D1718414

Michael Bernd Siegle

LOGO
Grundlagen der visuellen Zeichengestaltung

Eine Einführung in das Grafik-Design
am Beispiel der Logo-Gestaltung

Verlag Beruf + Schule in Itzehoe

Die in diesem Buch genannten Marken-, Firmen- und Produktbezeichnungen sind in der Regel gesetzlich geschützt.

Trotz größter Sorgfalt beim Recherchieren und Überprüfen können fehlerhafte Angaben nicht ganz ausgeschlossen werden. Autor, Herausgeber und Verlag übernehmen dafür keine Haftung. Sie sind jedoch dankbar für Korrektur- und Ergänzungsvorschläge.

Alle Rechte vorbehalten
© 1996 by Verlag Beruf + Schule, Postfach 2008, D-25510 Itzehoe
Herausgeber: Roland Golpon, Itzehoe
Buchgestaltung: Michael Bernd Siegle
Druck: WB-Druck, D-87669 Rieden am Forggensee

ISBN 3-88013-486-3

INHALTSVERZEICHNIS

I EINFÜHRUNG

II DAS LOGO

I EINFÜHRUNG

1 Definition Zeichen

Ein jedes Lebewesen unseres Planeten benötigt, falls es in Kontakt mit anderen Artgenossen treten will, ein Element, das als Träger einer bestimmten Information dient. Diesen Träger bezeichnen wir als Zeichen. Es besitzt als Träger also noch keinen Inhalt. Um einen Austausch von Informationen (Kommunikation) zu ermöglichen, bedarf es der Zuordnung von Bedeutung (Semantik) zum Zeichen. Man spricht hierbei auch von einer Codierung. Des weiteren sollte sich das Zeichen von anderen unterscheiden lassen, damit es sich von der Masse der Informationsreize, die auf uns einströmen, überhaupt abhebt.

In unserem Beispiel sehen wir das Bild eines Elefanten. Diesem muß der Mensch aus einem verbalen Zeichenvorrat (Alphabet) eine bestimmte Buchstaben-kombination zuordnen. In der deutschen Sprache wären das dann ein E, ein L, ein E, ein F, ein A, ein N und ein T. Nun muß der Mensch lernen, mit dem Bild des Elefanten eine bestimmte Wortkombination zu verbinden. Auch umgekehrt sollte ihm beim Anblick des alphabetischen Codes das Abbild eines Elefanten vor Augen stehen. Unterziehen sich mehrere Menschen einem solchen Lernprozeß, wie er ja auch in der Schule praktiziert wird, kann eine Kommunikation entstehen. Zeichen nehmen in unserem täglichen Leben also eine herausragende Funktion ein. Gäbe es sie nicht in der Form von Lauten, Buchstaben oder Symbolen etc., so wäre zwischenmenschliche Kommunikation nicht möglich. Zeichen sind somit fest mit dem menschlichen Dasein verbunden.

Wir können also festhalten, was wir unter „Zeichen" verstehen, nämlich im allgemeinen Sinne die Reiz-aktivierung der menschlichen Sinnesorgane mit Hilfe eines Elements zur Wahrnehmung. In engerem Sinne stellt es eine Art „Signal" dar, dem ein bestimmter Sachverhalt innewohnt.

Es sind also nicht nur Verkehrsschilder, Pikto-gramme oder Buchstaben als Zeichen verwendbar, sondern jegliche materiellen oder immateriellen Objekte (Laute, Binärcode, Lochmuster, Noten, Plasti-ken, Bilder usw.), die eine Signalwirkung und eine

①  = Elefant

②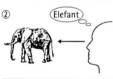

③
Elefant

decodierbare Bedeutung enthalten. Wir wollen uns hier in diesem Buch primär jedoch mit visuellen Zeichenformen beschäftigen.

Max Bense interpretiert das Zeichen folgendermaßen: „Zeichen ist alles, was zum Zeichen erklärt wird, und nur, was zum Zeichen erklärt wird." Eine provokative, aber durchaus akzeptable Definition, wenn man bedenkt, daß es ohne den Menschen die Bezeichnung „Zeichen" und das, was wir darunter verstehen, ja überhaupt nicht geben würde. Es stellt also keine natürliche Erscheinung, sondern eine Konvention, eine vom Menschen bewirkte Festlegung dar. Das Zeichen ist somit nur das Ergebnis eines inneren Vorgangs, eines Denkprozesses.

Semantik
(Bedeutung, Inhalt)

Semiotik

Syntaktik
(Gesetzmäßigkeit, Form)

Pragmatik
(Sinn, Ziel, Funktion)

1.1 Semiotik

Die Wissenschaft, die sich mit der allgemeinen Lehre und der Analyse von Zeichen, Zeichenbeziehungen und Zeichenprozessen beschäftigt, nennt man Semiotik. Die Bezeichnung stammt von dem griechischen Wort „sema" und bedeutet soviel wie Zeichen. Seit Platon beschäftigt man sich schon in der Philosophie mit der Semiotik. In der zweiten Hälfte des 19. Jahrhunderts wurde sie von dem amerikanischen Philosophen und Mathematiker C.S. Peirce weiterentwickelt. Erweiterungen und Veränderungen erfuhr sie noch durch Max Bense und C.W. Morris. Sie erlaubt es, Vorgänge kritisch zu analysieren und daraus Rückschlüsse für die Gestaltung von Zeichen zu ziehen. Man unterteilt die Semiotik in drei Disziplinen: Semantik, Syntaktik und Pragmatik.

1.1.1 Semantik

Die Semantik (Inhalt) untersucht, inwieweit Zeichen einer bestimmten Bedeutung entsprechen. Dabei wird versucht, auf möglichst logische Art und Weise Regeln zu finden, die es dem Betrachter erleichtern, Zeichen zu interpretieren. Unter semantischem Aspekt begegnen uns drei Zeichenarten: Icon, Index und Symbol. Das Icon hat eine bestimmte Ähnlichkeit mit seinem darzustellenden Objekt. Es kann sich dabei um eine realitätsgetreue Abbildung handeln, z.B. eine Fotografie oder ein naturalistisches Gemälde oder um eine abstraktere Form, wie z.B. einen stilisierten Gegenstand (Apfel,

| Icon | Index | Symbol |

Gabel usw.). Wichtig ist nur, daß man noch eine Verbindung erkennen kann. Das Index hat immer Hinweischarakter, wie z.B. ein Verkehrszeichen. Es macht auf etwas aufmerksam und bestimmt die gedankliche Richtung. Das Symbol enthält im Gegensatz zum Icon überhaupt keine Ähnlichkeit zu seiner Aussage. Die Schrift z.B. dient lediglich als Träger einer bestimmten Information. Sie hat ohne Wissen um die Bedeutung der Zeichen keinen Sinngehalt. Schauen wir uns Schriften von fremden Völkern an, so geht von ihnen eine bestimmte Anmutung aus, wir können jedoch nicht ihre Bedeutung entziffern.

1.1.2 Syntaktik
Unter Syntaktik (Form) versteht C.W. Morris die formalen Beziehungen zwischen den Zeichen untereinander. Dabei versucht man, Gesetzmäßigkeiten herauszufinden, um bestimmte Empfehlungen für die äußere Form geben zu können. Wie bei der Sprache und der Schrift die Grammatik eine bestimmte Richtlinie darstellt, so kann man bei der Gestaltung das Layout, den Goldenen Schnitt oder die Gestaltgesetze als syntaktische Regeln verstehen.

1.1.3 Pragmatik
Die Pragmatik (Funktion) stellt eine der komplexesten Disziplinen in der Semiotik dar. Sie untersucht im wesentlichen, welche Beziehungen die Zeichen zu den Empfängern unterhalten. Man untersucht dabei, inwieweit eine empfangene Botschaft das Verhalten in gewünschter Weise beeinflußt. Da der Mensch in seiner Struktur ein individuelles Wesen aus Fleisch und Blut ist und Reize, wie sie von Zeichen übertragen werden, auf physiologische Weise leitet und verarbeitet, steht die Wissenschaft vor unzähligen Problemen, eindeutige Regeln in bezug auf die Funktion aufzustellen. Da ja bekannterweise Gefühle, Motive und Einstellungen unsere Wahrnehmung mit beeinflussen, wird man hier wahrscheinlich niemals von subjektiven Festlegungen loskommen, also keine objektiven Kriterien entwickeln können. (Vgl. Stratmann, R., Pückler, F.M.: Lexikon der Werbung (Hrsg. Pflaum, D., Bäuerle, F.), Landsberg am Lech 1991, S. 380 – 382; Ferner: Matthaei, J. M.: Grundfragen des Grafik-Design, Augsburg 1990, S. 46 – 49.)

2 Die Geschichte der Zeichen

Es ist schon erstaunlich, mit welchem Tempo sich die menschliche Kultur im Laufe der Jahrtausende weiterentwickelt hat. In bezug auf die Kommunikation, insbesondere der visuellen, die uns hier ja vorrangig interessiert, eine äußerst beachtliche Leistung. Welchen mühsamen Weg hierbei unsere heutige abstrakte Lautschrift mit ihren sechsundzwanzig Buchstaben bewältigen mußte, kann man sich kaum noch vorstellen. Die dauernde Veränderung der Sprache und die daraus folgende Schrift waren dadurch bedingt, daß die Menschen stets nach einfacheren und zugleich komplexeren Lösungen suchten. Auch heute sind wir gewiß noch nicht am Ende dieser Entwicklung angelangt. Prognosen über den zukünftigen Gang der der Dinge würden aber sicherlich „ad absurdum" geführt und wären im Grunde genommen wertlos.

Betrachten wir nun einmal die Geschichte der Zeichen etwas genauer. Schon zu Beginn stoßen wir hierbei auf die Schwierigkeit, einen allgemein anerkannten Stammbaum der europäischen Schrift auszumachen. Da Paläographen (Schriftforscher) sowie Paläontologen (Urmenschforscher) mit unterschiedlichen Meinungen aufwarten, bedienen wir uns einer vereinfachten, jedoch plausiblen und auf das Wesentliche konzentrierten Darstellung.

Am Anfang war das Zeichen. In der Tat basiert jede spätere Art der menschlichen Kommunikation in irgendeiner Weise auf den Urzeichen. Urzeichen sind ursprüngliche Formen, wie z.B. Kreise, Vierecke, Dreiecke, Kreuze und Pfeile, mit denen die Menschen versuchten, ein Abbild der Realität festzuhalten. Im nächsten Abschnitt werden wir uns dann ausführlicher mit diesen Urzeichen beschäftigen.

Beweise für die Ableitung von den Urzeichen können wir auch heute noch in einigen Schriftformen erkennen, beispielsweise bei der chinesischen Schrift, einer modifizierten Bilderschrift. Zu Beginn war es eine reine Bilderschrift, die im Laufe der Jahrtausende immer mehr abstrahiert wurde. Der Nachteil dieser Art Schrift ist, daß sie beim Erlernen ein jahrelanges Studium erfordert, bedingt durch die hohe Anzahl von einigen tausend Zeichen. Die Zeichen unterscheiden sich oftmals nur durch kleine Veränderungen und erfordern deshalb vom Betrachter ein gutes Formengedächtnis. Der Vorteil wiederum liegt darin, daß trotz einer Vielzahl grundverschiedener Dialekte, die in China gesprochen werden, jeder, der einmal diese Schrift erlernt hat, alle geschriebenen oder gedruckten Zeichen entziffern und verstehen kann.

Auch in unserer heutigen Schrift lassen sich noch solche Beziehungen erkennen. Betrachten Sie doch bitte einmal die Schriftzeichen in diesem Buch! Sie werden bemerken, daß z.B. das O den Bezug zum Kreis, ein A den Bezug zum Dreieck, ein T den Bezug zum Kreuz, ein N oder ein M den Bezug zum Viereck, nur mit unterbrochenen Linien, und das K den Bezug zu einem Pfeil mit vorgesetztem Balken erkennen läßt. Das bedeutet, daß sich lediglich die Urform durch kleine Modifikationen, durch Wegnahme oder Hinzufügen oder Mischen von Elementen, in scheinbar neue Formen verwandelt hat.

Zu Beginn des menschlichen Lebens dienten diese sogenannten „Urbilder" lediglich als Gegenstand kultischer Beschwörungen, wie der Anrufung eines Gottes für Schutz und mehr Jagdglück, nicht wie heute vorrangig zur Informationsübermittlung und zur Informationsspeicherung. Einige französische und spanische Höhlenmalereien (ca. 15000 v. Chr.) legen hier ein sehr eindrucksvolles Zeugnis für ein sehr frühzeitiges „In-Kommunikation-treten-Wollen" ab. Wenn man bedenkt, daß zu dieser Zeit Kommunizieren (Sprechen, Schreiben...), wie wir es heute kennen, noch nicht entwickelt war, sondern lediglich Ausdrücken in Gebärden, ist es schon erstaunlich, daß jeder diese „Urbilder" ohne verbale Erklärung verstand. Als Beispiel sei hier die Abbildung eines Büffels genannt. Sie hatte den Zweck, Jäger bei ihren Unternehmungen zu unterstützen, ihnen Glück bei der Jagd und Schutz vor anderen Tieren zu verheißen. Vorrangig wurden hier Tätigkeiten, Pflanzen, Tiere, Behausungen oder Gegenstände in stilisierter, doch erkennbarer Gestalt abgebildet. Durch das Kombinieren verschiedener Zeichnungen entstanden dann richtige Geschichten, mit denen man Geschehnisse bildhaft erzählen und archivieren konnte. Damit war die Grundvoraussetzung geschaffen, Gedankengänge durch einfache bildhafte Malerei darzustellen.

Die Sumerer (ca. 3500 v. Chr.), die eigentlichen Erfinder unserer heutigen Schrift, waren immer noch auf eine solche archaische Bilderschrift angewiesen. Bilderschriften gelten auch als Vorläufer und somit Wegbereiter der ägyptischen Hieroglyphen (ca. 3200 v. Chr.). Ein entscheidender Einschnitt entstand nun, als sich die Wortschrift (jedes Wort entspricht einem Zeichen) in eine Silbenschrift (ein Zeichen stellt ein größeres Lautgebilde dar) wandelte. Die Keilschrift (ca. 3000 v. Chr.), welche in Mesopotamien entstand, war vorwiegend eine solche Silbenschrift. Sie war sehr effizient. Man konnte mit bedeutend weniger Aufwand mehr Sachverhalte darstellen. Über eine Reihe von Zwischenstufen entstand nun die vollendetste aller Formen, die Lautschrift (jeder Laut ein eigenes Zeichen), welche als der Vorläufer unserer heutigen Schrift zu bezeichnen ist. (Vgl. Gööck, R.: Die großen Erfindungen, Schrift, Druck, Musik, Würzburg 1984, S. 12-14; Ferner: Brockhaus: Der Brockhaus in 1 Bd., Wiesbaden 1985, S. 786.)

Lautschriften sind phonetisiert. Den Lauten sind also Buchstaben zugeordnet. Die ersten Schriften dieser Art gehören zur Gruppe der semitischen Schriften. Für die weitere Entwicklung wichtig war vor allem die phönizische Schrift (ca. 1100 v. Chr.), eine semitische Buchstabenschrift nur aus Konsonanten. Die Griechen übernahmen diese phönizischen Schriftzeichen und entwickelten sie weiter. Insbesondere ergänzten sie die Konsonanten durch Vokale.

Aus der griechischen Schrift entstanden sowohl die kyrillische als auch die lateinische Schrift der Römer, nämlich die serifenlose Lapidarschrift (ca. 600 v. Chr.). Diese erste römische Schrift wurde im Laufe der Jahrhunderte variiert und verfeinert. Es bildeten sich die römischen Großbuchstabenschriften heraus, die Capitalis monumentalis, Capitalis quadrata, Capitalis rustica und zum Ende der Römerzeit die Unzialis, aus der sich die erste lateinische Minuskelschrift, die Halbunzialis, entwickelte. Daneben gab es noch eine Verkehrsschrift, nämlich die römische Kursive.

Alle unsere heutigen Antiqua- und Frakturschriften gehen auf die römischen Schriften zurück, auch die Kleinbuchstaben, die über die Halbunzialis (ca. 400 n. Chr.) und die karolingische Minuskel (ca. 800 n. Chr.) zur frühgotischen Minuskel und den gebrochenen

Schriften umgestaltet wurde. In der Renaissance im 15. Jahrhundert entstanden aus der karolingischen Minuskel bzw. Humanistenminuskel die Kleinbuchstaben der Antiqua. Der Antiqua sieht man diese Abstammung aus zwei sehr unterschiedlichen Schriften deutlich an. Die statisch anmutenden breiten Versalien sind der Capitalis monumentalis nachgebildet, während die dynamischen, schmaleren Kleinbuchstaben ihre Herkunft aus der karolingischen Minuskel nicht verleugnen können.

Die runden lateinischen und die gotischen gebrochenen Schriften sind in den späteren Stilepochen im Schriftbild variiert worden. Zu diesen gebrochenen Schriften zählen Textura, Rotunda, Schwabacher und Fraktur. Zur Antiqua gehören vor allem die folgenden Schriftgruppen: Renaissance-Antiqua, Barock-Antiqua, Klassizistische Antiqua, Serifenbetonte Linear-Antiqua (Egyptienne) und Serifenlose Linear-Antiqua (Grotesk). Siehe hierzu auch die Übersicht DIN 16518 „Schriftenklassifikation" auf Seite 92.

Die gebrochenen Schriften wurden fast überall von der Antiqua verdrängt. Nur in Deutschland war es jahrhundertelang anders. Denn bei uns lag die Fraktur an erster Stelle in der Beliebtheit und Verwendung, ehe sie 1941 durch Führerbefehl praktisch verboten wurde. Die Antiqua war nun per Dekret die deutsche Normalschrift, so daß die traditionelle deutsche Zweischriftigkeit ihr Ende fand.

Mit dem Siegeszug des Fotosatzes in den siebziger Jahren des 20. Jahrhunderts wurde das Schriftangebot immer größer und variantenreicher. Die Möglichkeiten von DTP und Computer Publishing sowie Electronic Publishing und Multimedia haben dann zu einer kaum noch übersehbaren Schriftenvielfalt geführt.

15 000 v. Chr. Urbilder
Einfache bildhafte Darstellungen vorwiegend auf Höhlenwänden und Gefäßen.

4000 v. Chr. Sumerer
Von ihnen stammen die ältesten Schriftstücke. Sie gelten heute auch als eigentliche Erfinder der Schrift.

3000 v. Chr. Ägyptische Hieroglyphen
Sie wurden von ägyptischen Priestern entworfen. Die ägyptische Schriftkultur ist heute als die wesentlichste Grundlage unseres abendländischen Alphabetes zu werten.

1200 v. Chr. Phönizier
Sie waren Kaufleute und sorgten für die Vereinheitlichung und Verbreitung ihrer phonetisierten Schrift im gesamten Mittelmeerraum. Es wird hier auch von der Ausgangsbasis aller alphabetischen Schriften gesprochen.

1000 v. Chr. Griechisch-Lateinisches Alphabet
entwickelte sich vorrangig im westlichen Teil Europas.

780 n. Chr. Karolingische Minuskel
Von Karl dem Großen eingeführte Kleinbuchstabenschrift.

Europäische Schrift

Grobe Entwicklungsstufen der europäischen Schrift

Interessant ist in diesem Zusammenhang die Entwicklung des Buchstabens A̱. Vom ägyptischen al.f „er spricht" bis hin zur heutigen Antiqua ist es ein gewaltiger Sprung von mehr als 4000 Jahren. Wir können hier sehr gut erkennen, wie die einzelnen Jahrtausende auf das Schriftbild eingewirkt haben.

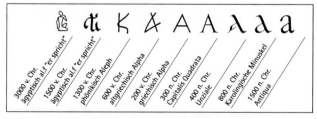

3000 v. Chr. ägyptisch al.f „er spricht" · 1500 v. Chr. ägyptisch al.f „er spricht" · 1300 v. Chr. phönikisch Aleph · 600 v. Chr. altgriechisch Alpha · 200 v. Chr. griechisch Alpha · 300 n. Chr. Capitalis Quadrata · 400 n. Chr. Unziale · 800 n. Chr. Karolingische Minuskel · 1500 n. Chr. Antiqua

Die Entwicklung des Buchstabens A̱ von den ägyptischen Hieroglyphen bis zur Antiqua. Die Wandlung vom Bild zum Zeichen wurde vom Schreibmaterial, dem Schreibwerkzeug und dem Zeitstil beeinflußt. (Vgl. Stiebner, D.: Bruckmann's Handbuch der Drucktechnik, München 1986, S. 31.)

Das erste Zeichen in unserer Abbildung hatte den Vorteil eines Icons. Das bedeutet, man konnte, ohne viel zu lernen, seinen Inhalt „er spricht" erkennen. Mit der Entwicklung der menschlichen Kultur entwickelte sich auch die Schrift zu immer abstrakteren und einfacheren Formen. Es wird einleuchten, daß der Aufwand beim Schreiben des ersten Zeichens bedeutend größer als bei den folgenden war. Die Vereinfachung der Informationsübermittlung ist also ein Grundbedürfnis. Auch heute sind wir noch nicht am Ende dieser Entwicklung angelangt. Wo man sich früher mühsam aus Büchern oder Zeitschriften neues Wissen und neue Informationen aneignen mußte, stehen heute Fernsehen, Radio und interaktive Medien zur Verfügung. Vielleicht entwickeln wir noch eine andere Art der Informationsübermittlung, die sich von der Schrift ganz entfernt. Im Moment sieht es allerdings noch nicht danach aus. Trotz zunehmender Innovationsbereitschaft genießen Bücher und Zeitschriften immer noch einen hohen Stellenwert. Sie haben gegenüber den elektronischen Medien u.a. den Vorteil, daß man Zeit und Ort der Informationsaufnahme meist selbst bestimmen kann.

3 Die Urzeichen

Versetzen wir uns doch einmal in die Lage unserer prähistorischen Vorfahren. Welche Gründe mögen sie bewogen haben, Zeichen zu entwickeln, die auch heute noch Grundlage sind für die Zeichen- bzw. die Schriftgestaltung. War es der Wunsch, sich mitzuteilen? War es vielleicht das Ergebnis zeichnerischen Unvermögens oder etwa im Gegenteil die Fähigkeit, komplexe Sachverhalte in knappen, abstrakten Zeichen abzubilden? Wie auch immer, Tatsache ist, daß unser heutiges visuelles Denken eben mit diesen aus der Urzeit implizierten Grundelementen fest verankert ist. Wir können dies auch immer wieder an neuen Kunst- richtungen beobachten. Ein gutes Beispiel ist der Kubismus, als zu Beginn des 20. Jahrhunderts Malereien und Plastiken entstanden, bei denen der Rückgriff auf die Urformen unübersehbar ist. Dabei versuchte man, naturalistische Abbildungen, wie Menschen, Tiere, Landschaften usw., in geometrische Formen, wie Zylinder, Kegel, Kugeln usw., umzuwandeln. Wir sehen also, daß bestimmte Zeichen in mehr oder weniger abgewandelter Form immer wieder erscheinen, und zwar so, daß man die Urform noch erkennen kann

Damals stellten die Urzeichen – im Gegensatz zu heute – menschheitsumfassende Elemente dar, die von jedem verstanden wurden. Heute jedoch übernehmen die Zeichen, bedingt durch die unterschiedlichen kulturellen Entwicklungen der Völker, auch unterschied- liche Funktionen. Jede Sprache hat ihre eigene Zeichen- gebung entwickelt. Deshalb treten auch unzählige Kommunikationsprobleme bei der Verständigung auf. Aber nicht nur zwischen Völkern, sondern auch in der eigenen Sprache können Kommunikationsprobleme auftreten. Da gibt es die Fachsprache, die wiederum nur ein begrenzter Teil der Bevölkerung versteht, oder die Dialekte einzelner Regionen oder die Computersprache. Jede für sich schafft es, sich in einer Gruppe von Gleich- gesinnten von allen übrigen abzuheben.

Untersuchen wir nun die wichtigsten Urzeichen etwas genauer. Dabei beschränken wir uns auf den europäischen Raum, der uns vorwiegend interessiert.

3.1 Der Kreis

Er sollte ursprünglich wohl das Abbild der Sonne darstellen. Die Vollendung der Form, die weder einen Anfang noch ein Ende zu haben scheint, läßt noch auf Höheres schließen. Gott, das Universum, die Welt, die Schöpfung sind alles Attribute, die die Unendlichkeit meinen. Die dauernde Bewegung und die symbolisierte Geschlossenheitsausstrahlung des Kreises finden auch heute noch in Symbolen Anwendung. Man denke in diesem Zusammenhang nur an die Ringe der Olympischen Spiele oder die Ringe im Emblem der Automarke Audi. Diese sind nur einige von unzähligen Beispielen, die sich der unbewußten Ausstrahlung des Kreises oder einer Kombination von Kreisen bedienen.

Interessant erscheint mir auch noch die Anwendung des Kreises bei der Produktgestaltung. Ist Ihnen schon aufgefallen, daß viele Produkte des täglichen Bedarfs sich in runden Packungen befinden? Beispiele sind Dosen oder Flaschen. Beide sind rund! Natürlich, werden Sie jetzt sagen, diese Form ist ja auch wesentlich praktischer in der Handhabung. Und genau hier haben Sie recht. Doch sehen Sie es nicht als selbstverständlich an, denn alles, was war und ist, bedarf der permanenten Überarbeitung und Verbesserung. Damit soll ausgedrückt werden, daß nicht alles, was man tut, logisch ist. Sonst wäre die Entwicklung eines Fortbewegungsmittels mit Hilfe eines Rades ein leichtes gewesen. Man bedenke jedoch, wie lange die Menschheit brauchte, um den Nutzen des Kreises zu erkennen und ihn auf das Rad zur Fortbewegung zu übertragen. Das heißt im Prinzip nichts anderes, als daß uns bestimmte Urzeichen impliziert sind. Man kann sich dies wie bei einem Computer vorstellen; er enthält eine bestimmte Software, die Grundlage seiner Arbeitsweise ist. Es kann zwar das Programm weiterentwickelt werden, jedoch arbeitet er immer mit denselben Grundelementen.

Auch in der Mathematik ist der Kreis zu finden. So in der Mengenlehre, wo er z.B. als Symbol für eine definierte Menge Anwendung findet. Das heißt, er stellt wie in der Vorzeit eine Gruppe von Gegenständen, Menschen usw. dar. Weitere Objekte, die eine Kreisform in sich bergen, sind schnell zu finden: Uhr, Reifen, Glühbirne, Kugel, Luftballon, Punkt u.a.

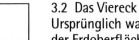

3.2 Das Viereck

Ursprünglich war es wohl ein Zeichen zur Darstellung der Erdoberfläche und seiner vier Himmelsrichtungen. Das Interessante hierbei ist, daß das Viereck sich relativ neutral darstellt. Weder Ruhe noch Spannung werden von ihm ausgestrahlt.

Heute ist das Viereck wohl das wichtigste Zeichen, welches uns in unserer Vorstellung über Ästhetik und Symmetrie beeinflußt. Wohnräume, Bungalows, Fenster... sind nur einige Beispiele für den Einfluß dieses symmetrisch aufgebauten Zeichens. Man kann dies auch bei sich selbst beobachten! Beim Betreten eines Raumes, in dem ein Bild schräg an der Wand hängt, verspürt man einen instinktiven Drang zur Korrektur. Genauso verhält es sich bei asymmetrisch angeordneten Möbeln. Sie passen einfach nicht in unser vorgegebenes Schema des symmetrischen Aufbaus. Man sucht erst einmal vergeblich nach den parallelen Verbindungslinien im Raum. Ein aussichtsloser Versuch, der zur Folge hat, daß wir uns schnell wieder entfernen oder mit einem Gefühl des Unwohlseins niederlassen.

3.3 Das Dreieck

Im Gegensatz zum Kreis, der indirekt eine bestimmte Art von Bewegung darstellt, charakterisiert das Dreieck in aufrechter Position die Standfestigkeit bzw. die Beständigkeit.

Früher assoziierte man wahrscheinlich „Schutz" bei seinem Anblick, hergeleitet von dem Schutz, den ein Dach oder ein Zelt den Menschen gab. Heute verbindet man eher „Gefahr" mit dem Dreieck, bedingt durch den vielfältigen Einsatz im Arbeitsschutz und Straßenverkehr als Gefahrenzeichen. Weiterhin kann es als eine Art Gerechtigkeitszeichen aufgefaßt werden, setzt man es in Bezug zur Waage. Die Standfestigkeit und Unabhängigkeit der richterlichen Gewalt wird hier symbolisiert. Die Beispiele zeigen, wie das Dreieck eine Wandlung in seiner Bedeutung durchlaufen hat.

In Ägypten kann man das dort architektonisch bemerkenswerteste Bauwerk mit dem Dreieck in Verbindung bringen: die Pyramide. Sie ist ein optisches Erlebnis, das den Betrachter in seinen Bann zu ziehen vermag. Befragt man einen repräsentativen Bevölkerungsquerschnitt, was ihm denn einfalle, wenn man von Ägypten höre, so lautet in 90% aller Fälle die Antwort: Pyramiden! Man sieht, daß diese Form einerseits prägnant und daher besonders einprägsam ist, aber andererseits nicht in unser vorgegebenes Vorstellungsbild von Gräbern oder Häuserbauten hineinpaßt. Außerdem läßt sich erkennen, daß „Prägnanz" und „Widerspruch" einen hohen Aufmerksamkeitswert haben und aus diesem Grunde guten Lernerfolg versprechen. Dies sollten wir uns für die Logogestaltung, auf die wir noch ausführlich eingehen, schon einmal vormerken.

3.4 Das Kreuz

Es stellt seit ca. 2000 Jahren das Symbol des christlichen Glaubens dar. Interessant erscheint hierbei die proportionale Angleichung an die menschliche Figur. Das Verhältnis: Arme zu Körper zu Kopf. Vielleicht erfährt es auch deshalb eine so hohe Akzeptanz (nur bezogen auf das Symbol, nicht auf den Glauben), weil es auf abstrakte Weise einen Menschen darstellt, reduziert auf das Wesentlichste, ohne Gesicht und ohne Geschichte. Das heißt, dem Betrachter bleibt es freigestellt, was er mit dem Kreuz assoziiert.

Die absolute Symmetrie, die das Kreuz ausstrahlt, läßt in sich keine Bewegung entstehen. Es ist eine Starrheit, die sich aber dem Betrachter gegenüber öffnet, wie etwa eine Person, die eine andere in die Arme schließen möchte.

Die aus dem Lateinischen stammende Bezeichnung „Kreuz" umfaßt die unterschiedlichsten Varianten. Das Kreuz wurde vor allem in früheren Zeiten, aber auch noch bis in die Gegenwart als Zauber- oder Heilszeichen verwendet. Heute wird es darüber hinaus unter anderem in der Mathematik als Additions- und Multiplikationszeichen gebraucht. Weiterhin findet es als Barriere und Verkehrszeichen Anwendung, beispielsweise im Andreaskreuz, das zum Halten vor Bahnübergängen auffordert.

3.5 Der Pfeil

Ursprünglich war es das Zeichen für Pfeile, Speere, also Geschosse zum Jagen oder Verteidigen. Der Anblick dieses Zeichens löste wohl meist die Reaktion Gefahr oder Angst aus.

21

Heute wird es als Hinweiszeichen in Charts oder in anderen Präsentationen verwendet, in der Mathematik vornehmlich als Größer- oder Kleinerzeichen. Auch im Winkelzeichen läßt sich ein Bezug zum Pfeil erkennen.

4 Klassifikation der Zeichen

Um den Begriff Zeichen gruppieren sich, wie um die meisten Begriffe der deutschen Sprache, Dutzende von Synonymen. Wo nun die entscheidenden Unterschiede bei den visuellen Zeichen liegen, soll hier aufgezeigt werden.

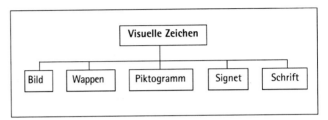

Klassifikation visuell darstellbarer Zeichen

4.1 Das Bild

Das Bild ist die visuelle Darstellung eines Sachverhaltes auf einer Fläche. Es kann in der Form von Zeichnungen, Gemälden, Fotografien, Film usw. auftreten.

Interessanterweise besteht das Bild lediglich aus zwei Dimensionen, der Breiten- und der Höhenausdehnung. Ausgenommen sind hierbei stereoskopische oder holografische Abbildungen. Sie täuschen uns eine Dreidimensionalität vor. Es sind Abbildungen, die auf den Betrachter plastisch wirken. Erzeugt werden Hologramme folgendermaßen: Man beleuchtet ein Objekt mit einer Laserlichtquelle (1). Ein Teil des Lichtes (Referenzwelle) sollte direkt auf das fotografische Aufnahmematerial treffen (7), ein anderer Teil (Objektwelle) erst nach Reflexion oder Durchdringung am Objekt (5). Auf dem fotografischen Aufnahmematerial vereinen sich dann beide Wellen (6). Zum Schluß muß das Aufnahmematerial noch mit Laserlicht durchleuchtet werden, das dieselbe Frequenz wie bei der Aufnahme aufweist. (Vgl. Lexikon der grafischen Technik, Leipzig 1986, S. 302.) Hologramme haben, außer daß sie dreidimensional Objekte darstellen, noch eine andere bemerkenswerte Eigenschaft. Zerlegt man eine herkömmliche fotografische Abbildung in mehrere Teile, läßt sich das Bild nur rekonstruieren, wenn man die einzelnen Teile wieder zusammenfügt. Ganz anders verhält es sich hierbei mit einer holografischen Abbildung. Selbst

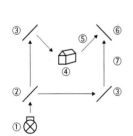

Darstellung eines
Hologramms

① Laserlichtquelle
② Halbdurchlässiger Spiegel
③ Spiegel
④ Objekt
⑤ Objektwelle
⑥ Fotografisches
   Aufnahmematerial
⑦ Referenzwelle

23

wenn nur ein Teil des fotografischen Aufnahme-
materials beleuchtet wird, erscheint das gesamte
ursprüngliche Bild. Lediglich leichte Unschärfe tritt
dabei auf.

Auch beim herkömmlichen zweidimensionalen Bild
registrieren wir einen dreidimensionalen Effekt. Es
entsteht in unserem Gehirn ein räumlicher Eindruck,
eine Art Dreidimensionalität, die uns die fehlende Tiefe
vortäuscht. Man stellte hierbei fest, daß diese Art des
Sehens erworben wird. Ähnlich wie beim Erlernen des
Lesens und des Schreibens, durchläuft das Kind im Alter
von etwa eineinhalb Jahren eine Phase des Bilderlesen-
lernens. Hierbei versucht es, reale Objekte auf Bildern
wiederzuerkennen. Daß man das dreidimensionale
Bildersehen auf Erlernen zurückführen kann, läßt sich
sehr schön an den bildlichen Darstellungen des Mittel-
alters oder – auf das 20.Jahrhundert bezogen – anderer
Kulturkreise erkennen. Als Beispiel seien hier die
Indianer genannt, die Gegenstände oder Tiere in einer
uns unverständlichen Art abbilden, die irgendwie naiv
wirkt. Genauso, wie es uns beim Betrachten von Bildern
mancher Urvölker geht, mag es diesen beim Betrachten
einer Fotografie oder eines Gemäldes aus unserem
Kulturkreis gehen.

In einer Studie des Psychologen Jan B. Deregowski
wird beschrieben, auf welche Schwierigkeiten ein
Mitarbeiter des National Institute of Personal Research
in Johannesburg stieß, als er südafrikanischen Bantu-
Arbeitern perspektivische Zeichnungen vorlegte. Die
anschließenden Tests zeigten, daß die schwarzen
Südafrikaner, wie auch die Menschen aus anderen
Teilen Afrikas, kaum in der Lage waren, anhand von
perspektivischen Zeichnungen auf die Räumlichkeit
der Darstellung zu schließen. Sie konnten die für uns
klar ersichtliche räumliche Tiefe nicht erkennen.
Beachtlicherweise wurde dieses Ergebnis weder
von der Bildungs- noch von der Schichtzugehörigkeit
dieser Afrikaner beeinflußt. (Vgl. Weber, E.A.: Sehen, Gestalten
und Fotografieren, Berlin 1979, S. 24–25.)

Sechs Faktoren sind nach Prof. Ernst A. Weber
maßgebend für unser räumliches Sehen. (Vgl. Weber, E.A.:
Sehen, Gestalten und Fotografieren, Berlin 1979, S. 22–24.)
Nachfolgend sind sie aufgeführt:

1. Die Perspektive

Durch das Erlernen des perspektivischen Gesetzes, welches besagt, daß alle in die Ferne gerichteten, in der Natur aber parallel verlaufenden Linien, einem auf dem Horizont liegenden Fluchtpunkt zustreben, entsteht bei uns räumliches Sehen.

2. Die Überschneidung

Bei einfachen oder mehrfachen Überlagerungen von Objekten folgert man das Vorhandensein unter dem Verdeckenden.

3. Der Texturgradient

Durch in der Ferne zusammenlaufende Strukturen, wie Säulen, Mauersteine, Straßen, Fenster, wird eine Räumlichkeit simuliert.

4. Die Beleuchtung

Durch die vielfältige Art der Schattenbildung trägt sie wesentlich zum Räumlichkeitseindruck bei.

5. Die Luftperspektive

In der Ferne liegende Objekte werden als heller empfunden. Es entsteht durch die zunehmende Unschärfe in der Ferne und den zunehmenden Himmelanteil ein stärker verblautes Abbild.

6. Das Kultursehen (Einfluß des Kulturkreises)

Menschen verschiedener Kulturen nehmen Bilder in unterschiedlicher Weise wahr. Dies beeinflußt das räumliche Sehen in starkem Maße.

Wie schon in der Einführung erwähnt, stellen die Bilder eine Grundvoraussetzung für die menschliche Kommunikation dar. Man sollte deshalb nie vergessen, bei aller Liebe zur Abstraktion, ein bestimmtes Maß an Realität im Bild zu belassen. Läßt man eben diesen ursprünglichen Bezug, der von jedem verstanden werden kann, nicht im Bild, so bewegt man sich auf dem Glatteis der Abstraktion, welches zur Folge hat, daß die inhaltliche Konvergenz zwischen Sender und Empfänger verlorengeht. Bei der Informationseingabe in ein Bild sollte man berücksichtigen, daß es nur einen momentanen Augenblick darstellen kann. Das heißt, wir können in einem Bild lediglich ein Gefühl oder eine Kurzinformation übermitteln. Was wir jedoch nicht können, ist, einen komplexen Sachverhalt darzustellen. Dies wird in der Praxis oftmals vergessen. Sollten Sie daran zweifeln, so versuchen Sie doch einmal, den Satz „Das Wasser ist nicht kalt" bildlich darzustellen, und zwar so, daß es jeder verstehen kann. Dies war auch einer der Gründe für die Modifikation der Bildzeichen bis hin zu den Lautzeichen (Phonetisierung).

4.2 Das Wappen

Es ist ein in der Zeit der Kreuzzüge entstandenes Erkennungsmerkmal. Mit seiner Hilfe wurden die verschiedenen Stände der damaligen Zeit zur besseren Unterscheidung gekennzeichnet. Ursprünglich sollte es eigentlich nur die Waffenträger bei den ritterlichen Spielen markieren.

Seinen Ursprung findet das Wappen in der christlich-abendländischen Kultur, wo es auch vorzugsweise Anwendung fand. Die symbolische Umsetzung für ein Wappen wurde in den Gesetzen der Heraldik (Wappenkunde) streng vorgeschrieben. Auch heute noch sind diese Gesetze verbindliche Vorgaben für die Gestaltung von Wappen. Wichtigste Aufgabe war und ist es, dem Wappen Merkmale zu verleihen, daß es schon auf weite Entfernung gut erkannt und schnell erfaßt werden kann. Es erscheint klar, daß man schon von weitem erkennen sollte und wollte, ob ein herannahender Reiter freundlich oder feindlich gesinnt war. Und in einer Schlacht, in der Mann gegen Mann gekämpft wurde, bedurfte es schon genauer formaler Unterscheidungen in Rüstung und Schild, um nicht einen Mitstreiter zu erschlagen. Daraus ist zu schließen, daß der formalen Vereinfachung und den Farben der Wappen größte Bedeutung zukam. Dies begründet wohl auch die Tatsache, daß alle Wappen zur damaligen Zeit ausnahmslos in strahlenden Farben dargestellt wurden. Inhaltlich wurde in den meisten Fällen alles verwendet, was in irgendeiner Weise interessant erschien. So wurden Geräte, Produkte, Tiere, Menschen usw. in teils bildhafter, teils auch in stilisierter Form abgebildet. Die eingeführten Wappen waren vererblich und überdauerten viele Generationen. Deshalb finden wir auch heute noch in vielen Familien, Städten oder Firmen alte traditionsreiche Wappen. (Vgl. Leonhard, W.: Heraldik, in: Novum, München 1979, S. 49–51.)

Wir können hier deutlich Verbindungslinien zu unserem heutigen CI-Denken (Corporate Identity) ziehen. Diese von vielen als neuartige Philosophie unternehmerischen Handelns gepriesene CI bestand wohl schon zur damaligen Zeit. Ihre Inhalte, wie z.b. die Vermittlung eines Zugehörigkeitsgefühls, Ausstrahlung, eindeutige Positionierung durch klare Unterscheidungsmerkmale in optischer Form wie auch im öffentlichen Auftreten wurden damals schon unter anderem Namen angestrebt. Was sie jedoch eindeutig voneinander unterscheidet, ist die heute übliche Koppelung mit psychologischen Maßnahmen zur gezielten Beeinflussung des internen und externen Firmenumfeldes.

4.3 Das Piktogramm

Es sollte möglichst ein stilisiertes grafisches Symbol mit einer international verständlichen Bedeutung darstellen. Daß hierbei Schwierigkeiten auftreten können durch unterschiedliche kulturelle Entwicklungen, haben wir schon vorher erläutert. Es gilt deshalb, Grundelemente zu finden, die überall auf der Welt gleich interpretiert werden. Als Beispiel wollen wir das Symbol „Totenkopf" betrachten. Auf einer Flasche abgebildet, würden wir es wahrscheinlich unschwer als Symbol für Gift oder Gefahr assoziieren. Ob es beispielsweise aber Kannibalen ähnlich assoziieren, bleibt fraglich.

Deshalb erscheint es wichtig, als erstes abzuklären, für welche Zielgruppe das Zeichen bestimmt sein soll. Um hier kein Fiasko zu erleiden, sollte man auch wirklich nichts als selbstverständlich voraussetzen. Das heißt, es ist bei der Entwicklung von Piktogrammen auf primär vorhandene Zeichen im menschlichen Bewußtsein der Zielgruppe zu achten. Hierbei spielt es keine Rolle, ob sie nun anerzogen oder entwicklungsgeschichtlich entstanden sind. Wichtig ist nur, daß sie jede Person eindeutig dem gleichen Sinn zuordnen kann. Daß dies gelingen kann, zeigt Adrian Frutiger anhand seiner genormten Piktogramme für den amerikanischen Flugverkehr. Wie jedem, der schon einmal auf einem Flughafen war, einleuchten wird, galt es hier vorrangig, eine für möglichst viele Adressaten verständliche Zeichensprache zu gestalten.

Wo aber liegt denn dann eigentlich der Unterschied zu anderen Zeichenformen? Ein Piktogramm erfüllt seinen Zweck nur dann, wenn es, reduziert auf die wesentlichsten Merkmale, eine klare Information zum

Ausdruck bringt. Es gibt dafür unzählige Beispiele aus unserer täglichen Umgebung. So zum Beispiel, wenn wir eine Toilette in einem Restaurant suchen. Nach mehreren Irrwegen strahlt uns dann von einer Tür ein schwarzes Zeichen auf weißem Grund entgegen. Je nach Geschlecht streben wir der Tür zu, die mit einer stilisierten Frau oder einem stilisierten Mann geschmückt ist. Weitere bekannte Beispiele für Piktogramme sind Fluchtwegzeichen in großen Räumlichkeiten, Feuer- und Explosionsgefahrzeichen auf brennbaren oder leicht entzündlichen Stoffen u.a.

4.4 Das Signet

Ursprünglich stammt der Begriff aus dem Lateinischen, „signum"= Zeichen, und es wurde vornehmlich für Unterschrift oder Siegel verwendet. Auch heute können wir noch den Bezug zur damaligen Anwendung in unserer deutschen Sprache finden. Signieren bedeutet etwa das gleiche. Ab dem 18. Jahrhundert verband man mit der Bezeichnung Signet meistens die bildhafte Kennzeichnung von Publikationen der Buchdrucker oder Verleger. (Vgl. Bertelsmann: Das moderne Lexikon, Band 17, Gütersloh 1972, S. 194.)

Heute wird der Begriff Signet im allgemeinen Sinne als Oberbegriff für Zeichenarten wie Bild-, Wort-, Einzelbuchstaben-, Zahlen- und kombinierte Zeichen verwendet. Damals wie heute sollen diese Zeichen zwei Funktionen erfüllen: Zum ersten die Identitätsfunktion, welche besagt, daß das als Erkennungsmerkmal fungierende Zeichen einen Bezug zu seinem „Besitzer" herstellen soll, und zum zweiten soll es der Verbesserung zwischenmenschlicher Kommunikation dienen. Diese Aufgabe bezeichnen wir als Kommunikationsfunktion. Sie soll es dem Empfänger erleichtern, ein „Bild" über die Leistung und die Ausstrahlung einer Institution* zu bekommen und dieses Bild an andere weiterzuvermitteln. Da der Name allein aber oft wenig aussagekräftig ist, gilt es also, andere Unterscheidungsmerkmale zu entwickeln. Diese können in visueller

---

*Institution wird in diesem Buch umfassend, also als Oberbegriff gebraucht. Er beschränkt sich zwar nicht auf juristische Personen, gleichwohl handelt es sich zumeist um solche, wie die folgenden Beispiele zeigen: Ämter, Kommunen, Körperschaften, Organisationen, Staaten, Unternehmen, Vereine, Verbände, Zusammenschlüsse.

Hinsicht durch markante Gestaltung, Zusatzelemente oder Farben usw. erfolgen. Wir sollten uns aber nicht davon täuschen lassen, daß ein Signet als solches schon in der Lage wäre, ein bestimmtes Bild im Kopf des Empfängers zu projizieren. Es sind naturgegebene Gesetzmäßigkeiten der Informationsaufnahme und -verarbeitung im Gehirn sowie äußere Einflüsse und die Bewußtseinslage der Adressaten maßgeblich daran beteiligt. Dazu gehören Meinungen, Voreingenommenheiten, öffentliche Auftritte bzw. das Verhalten, die Art, wie Repräsentanten einer Institution sprachlich und optisch auftreten; also unzählige andere Faktoren spielen hierbei noch eine Rolle. Doch darüber noch mehr im Abschnitt über Corporate Identity. Es sollte auf jeden Fall das Ziel sein, eine inhaltliche und optische Kongruenz zwischen Signet und dem gesamten Wirkungskreis einer Institution zu schaffen. Testen Sie sich doch selbst einmal, wenn Sie morgens eine Werbesendung im Radio hören, ob sich beim Erwähnen z.b. von „Mercedes" das zugehörige Signet im Geiste einstellt. Vielleicht können Sie sich bei der Namensnennung auch überhaupt nichts vorstellen, dies wäre dann aber für den Behaltenseffekt ein sehr schlechtes Ergebnis. Daß das Signet aber nicht nur als Zeichen für ein bestimmtes Unternehmen verstanden werden darf, zeigt die vielfältige Palette von optisch hervorgehobenen Kurzinformationen in Form von Namen, Headlines, Produktbezeichnungen usw., die täglich auf uns einströmen auf Visitenkarten, in Zeitschriften, auf Produktverpackungen, in Schaufenstern, auf Plakaten, Displays usw. Das heißt, jedes visuell dargestellte Zeichen, das einen Bezug zu einem Objekt hat und sich von seinem Umfeld auffallend abhebt, kann man als Signet bezeichnen. Die Bezeichnung Logo ist auch vielfach üblich. Wo die Unterschiede zum Signet liegen, werden wir noch genauer im 2. Kapitel untersuchen.

Machen wir uns nun die Unterscheidungsmerkmale und Besonderheiten der einzelnen Signetarten anhand der tabellarischen Übersicht auf der folgenden Seite bewußt.

BILDZEICHEN

Merkmal	Abstrakt oder naturalistisch umgesetzte Symbolik ohne Text.
Vorteil	Gute Merkfähigkeit. Kann bessere Assoziationen zu seinem „Besitzer" schaffen.
Nachteil	Lange Penetration, um Identität zu erreichen.

WORTZEICHEN

Merkmal	Kurze und prägnante Bezeichnung in Form einzelner oder mehrerer Worte.
Vorteil	Klare Bezeichnung. Persönlichere Aussage. Gut zu verbalisierendes Zeichen.
Nachteil	Schlechter zu merken als Bildzeichen.

BUCHSTABENZEICHEN

Merkmal	Einzelbuchstaben ohne Sinngehalt.
Vorteil	Lange Wörter sind hiermit kürzbar.
Nachteil	Schlechte Merkbarkeit. Meist keine Assoziationen möglich.

ZAHLENZEICHEN

444

Merkmal	Einzelzahlen, meist ohne Sinngehalt. Kommt relativ selten vor.
Vorteil	Um sich mehr von Mitbewerbern abzuheben, die mit alphabetischen Zeichen auftreten.
Nachteil	Sehr schlechte Merkbarkeit. Keine Verbindung zum „Besitzer".

KOMBINIERTES ZEICHEN

Merkmal	Meist kombiniert aus Wort-, Buchstaben- und Bildzeichen.
Vorteil	Beste Merkfähigkeit durch Bild und Text = Verstärkung.
Nachteil	Schwierige Umsetzung. Wirkt oft altmodisch (Wappencharakter).

Unterscheidungsmerkmale der Signetarten

4.4.1 Das Bildzeichen

Das Bildzeichen stellt entweder eine abstrakte oder eine realitätsbezogene Abbildung dar. Ohne Zweifel läßt sich mit ihm die Aufmerksamkeit steigern und die Assoziation der Betrachter in eine bestimmte Richtung lenken. Ein Paradebeispiel ist in dieser Hinsicht der abstrakte, dreizackige Mercedes-Stern. Er wurde von Gottlieb Daimler selbst entworfen. Die drei Zacken des Sterns sollen symbolhaft deutlich machen, daß die Daimler-Maschinen zu Wasser, zu Land und in der Luft eingesetzt werden können. Seit 1923 hat sich die Grundform des 1911 geschützten Warenzeichens nicht mehr verändert. (Vgl. Wildbur, P.: Warenzeichen-Design, Ravensburg 1966, S. 5.)

Das Bildzeichen benötigt bei seiner Einführung immer einen textlichen Zusatz, z.B. durch Hinzufügen eines Wortzeichens. Dieser Zusatz ist so lange vonnöten, bis der Bekanntheitsgrad so ausgeprägt ist, daß das Bildzeichen auch ohne Textzusatz eindeutig der jeweiligen Institution zugeordnet werden kann. Bis dahin ist jedoch eine lange, konstante Penetration des Zeichens mit hohem finanziellen Einsatz erforderlich.

4.4.2 Das Wortzeichen

Das Wortzeichen besteht in der Regel nur aus dem Namen oder einer Kurzbezeichnung. Typografie, Modifikation der Schrift und Prägnanz der Schrifttypen beeinflussen hierbei nachhaltig die Aufmerksamkeits- und Erinnerungswirkung. Dabei ist zu beachten, daß beim Betrachter keine negativen Assoziationen ausgelöst werden. Dies geschieht zum Beispiel, wenn ein Blumenladen eine fette Fraktur-Schrift verwendet, ähnlich der eines Leichenbestatters in seinem Erkennungszeichen. Die Schrift hat also bestimmte Anmutungen, die man bei der Gestaltung des Wortzeichens unbedingt mitbeachten sollte. Alle lesbaren Zeichen, wie eben das Wortzeichen oder das Buchstaben- oder Zahlenzeichen, haben im Bereich der Kommunikation durch ihre Sprechbarkeit einen wesentlichen Vorteil gegenüber Bildzeichen.

4.4.3 Das Buchstabenzeichen

Das Buchstabenzeichen besteht nur aus einzelnen Buchstaben. Weil dem Betrachter oftmals der Sinnbezug, die Bedeutung des Kürzels fehlt, besitzt es einen relativ bescheidenen Aufmerksamkeitswert. Kürzungen von langen Namen können zwar sinnvoll sein, aber auch zu Verwechslungen führen. Sie haben im Prinzip überhaupt keinen Informationsgehalt. Oftmals verärgern sie auch den Adressaten, wenn dieser vergeblich versucht, sie zu entziffern. Eine negative Wirkung ist dann kaum zu vermeiden. Deshalb sei vor unüberlegtem Einsatz von Buchstabenzeichen gewarnt.

4.4.4 Das Zahlenzeichen

Das Zahlenzeichen besteht aus Einzelzahlen. Es wird meist verwendet, um sich optisch von den anderen Mitbewerbern abzuheben, die mit Bildzeichen oder alphabetischen Zeichen auftreten. Es ist hier genauso wie beim Bildzeichen eine sehr hohe Penetration notwendig, um dem Betrachter die Identität mit der Institution zu signalisieren. Diese Art von Zeichen ist sehr selten. Sie werden meistens für Produkte verwendet. Beispiel: 4711.

4.4.5 Das kombinierte Zeichen

Das kombinierte Zeichen verbindet meistens Schrift und bildhafte Symbolik. Es tritt daher vorwiegend in der Kombination Bild- und Wortzeichen auf, kann jedoch auch in anderen Kombinationen vorkommen, wie Zahlen- und Buchstabenzeichen, Buchstaben- und Wortzeichen usw. In der Kombination Bild- und Wortzeichen haben wir die größte Aufmerksamkeits-, Informations- und Erinnerungswirkung von allen Zeichenarten. Man unterscheidet hierbei verschiedene Positionen zwischen Bildzeichen und Wortzeichen, die im folgenden näher erläutert werden. (Vgl. Leu, O.: Corporate Design, München 1992, S. 48–49.)

Kombiniertes Zeichen

1. Lok-Prinzip
Hierbei steht das Bildzeichen immer vor dem Wortzeichen. Das Bildzeichen „zieht" somit das, was nachfolgt.

Kombiniertes Zeichen

2. Schub-Prinzip
Das Bildzeichen steht hinter dem Wortzeichen. Es wird der Eindruck vermittelt, als ob das Wortzeichen vom Bildzeichen „geschoben" würde.

Kombiniertes Zeichen

Kombiniertes Zeichen

Kombiniertes Zeichen

Zeichen

3. Star-Prinzip

Über dem Wortzeichen ist das Bildzeichen mittig positioniert. Es steht das Bildzeichen quasi wie ein „leuchtender Stern" im Mittelpunkt dieser Kombinationsform.

4. Anker-Prinzip

Wie ein „Anker" befestigt das Bildzeichen das über ihm stehende Wortzeichen. Diese Kombinationsform erscheint durch seine „Lastigkeit" äußerst selten.

5. Triebwagen-Prinzip

Das Bildzeichen wird zwischen das Wortzeichen eingefügt. Es wird somit zu einer untrennbaren Einheit. Optisch wirkt dieses Zeichen nur dann ausgeglichen, wenn links und rechts vom Bildzeichen etwa gleiche Wortlängen bestehen.

6. Insel-Prinzip

Bildzeichen und Wortzeichen treten beide optisch isoliert auf. Sie gehören wie „Insel und Festland" zwar zusammen, bilden aber trotzdem getrennte Einheiten.

Bewirkt das Bildzeichen durch seine naturalistische Darstellungsweise schon einen Bezug zur Leistungserstellung der Institution oder zu deren Produkt(en), so kann durch Kombination eine Verstärkung in der Identitäts- und Kommunikationsfunktion beim Adressaten erreicht werden. Als Beispiel dient uns hierbei das Bäckerhandwerk. Nehmen wir einmal an, in einem Dorf werden zwei neue, gleichwertige Bäckereien gegründet. Eine namens „Müller" stellt zum Wortzeichen noch ein Bildzeichen mit einer stilisierten Brezel. Die andere namens „Meyer" verwendet ausschließlich ein Wortzeichen. Beide schalten nun zur Neueröffnung eine reine Textanzeige in einem Wochenblatt. Es wird aller Wahrscheinlichkeit nach, wenn sonst alle Voraussetzungen gleich sind, die Bäckerei „Müller" mit ihrem kombinierten Zeichen eine größere Aufmerksamkeit erreichen. Das bedeutet, Betrachter können auch ohne viel zu lesen schnell erfassen, daß es sich bei der Firma „Müller" um eine Bäckerei handeln muß, was zur Folge hat, daß diese schneller einen höheren Bekanntheitsgrad erreichen wird. Natürlich spielen im Bäckerhandwerk, wie auch in anderen Bereichen, weitere Faktoren eine Rolle, wenn es um den Bekanntheitsgrad eines neu gegründeten Unternehmens geht. Aber der Name vermittelt nun einmal den ersten Kontakt zwischen einem Anbieter, seiner Leistung und seinem potentiellen Abnehmer. Es kann aber nur eine Verstärkung in der Identitätsfunktion erreicht werden, wenn auch ein Bezug zum Namen oder zur Leistung vorhanden ist. Der Bezug fehlt, wenn das Bildzeichen total abstrahiert wird. Dann kann es lediglich als eine Art Signal fungieren und den Aufmerksamkeitspegel nur geringfügig erhöhen. Von derartigen Zeichen ist aber abzuraten, da sie meistens nicht logisch zu begründen sind. Solch abstrakte Zeichen benötigen eine hohe Penetrationszeit mit sehr hohem finanziellen Aufwand, damit sie sich im Kopf des Rezipienten verankern. Bei Daimler Benz ist dies offenbar gelungen, bei dem Bosch-Zeichen z.B. fällt es jedoch wesentlich schwerer, das Zeichen kurzerhand aufzuzeichnen.

4.5 Die Schrift

Sie stellt die abstrakteste und multivariabelste Zeichenform dar. Mit ihr ist es der Menschheit gelungen, aus einem kleinen Zeichenvorrat (26 Buchstaben im deutschen Alphabet) vielschichtige, komplexe Aussagen leicht zu übermitteln und festzuhalten. Gedanken konnten mit Hilfe von Schrift gespeichert und durch weltweite Verbreitung überall zugänglich gemacht werden. Dadurch ergab sich zum ersten Male in der Menschheitsgeschichte die Möglichkeit, Informationen an weiter entfernte Empfänger zu übermitteln, ohne mit ihnen in verbalen Kontakt zu treten. Eine andere Form der Informationsübermittlung und Informationsspeicherung finden wir beim Computer. Mit Hilfe des erweiterten ASCII-Codes (American Standard Code of Information Interchange), einem genormten amerikanischen 7- oder 8-Bit-Code für EDV-Systeme, ist es gelungen, alle Schriftzeichen darzustellen. Der Computer erhält dabei lediglich eine binäre Zahlenkombination (0 oder 1), aus der er dann sämtliche Zeichen des Alphabetes, Sonderzeichen und Zahlen zusammenfügt. Also lassen sich Informationen auch digitalisiert durch Codes übermitteln. Der Inhalt wird mit beiden Systemen gleich gut übertragen, den ASCII-Code kann man allerdings nicht unmittelbar lesen.

5 Warum Zeichen so wichtig sind

Stellen Sie sich bitte einmal vor, Sie würden mit einer Person reden, die kein Wort Deutsch versteht. Wie verständigen Sie sich nun? Wie machen Sie begreifbar, was Sie wollen? Besteht, wie hier in unserem Beispiel, keine Identität bei der Benutzung bestimmter Zeichen, z.b. in Sprache oder Gestik, so kann auch keine Kommunikation entstehen. Fazit: Wir reden gegen eine Mauer. Also brauchen Zeichen eine für jeden begreifliche Bedeutung. In unserem Beispiel wäre es eine codierte Sprache bei beiden Probanden. Dann ordnen beide Gesprächspartner ihren Worten die gleiche Bedeutung zu. Das Vorstellungsbild wird somit von der Gesamtheit der Informationszuflüsse gesteuert, d.h. das, was ich mir geistig vorstellen soll, wird mir verbal erklärt. Dies zeigt, daß die begriffliche Bedeutung codierter Zeichen eindeutig zuzuordnen sein muß, um Kommunikationsprobleme zu vermeiden. Wir begegnen diesem Faktum auch später noch bei der visuellen Gestaltung von Zeichen, wo es primär um die einfache Umsetzung eines Sachverhaltes geht.

Wir haben nun davon gesprochen, daß Zeichen im Bewußtsein oder Unterbewußtsein codiert sein müssen, so daß sie verstanden werden. Ähnlich verhält es sich auch bei Computern. Bekommen diese eine Zeichenfolge, die ihr Betriebssystem nicht decodieren kann, melden sie dies oder stürzen schlimmstenfalls ab.

Ein treffendes Beispiel zu dieser Thematik liefert uns der Nobelpreisträger Karl von Frisch mit seiner Studie über die Körpersprache der Bienen:

Die bahnbrechenden Untersuchungen des Nobelpreisträgers Karl von Frisch zeigen, daß Bienen eine sehr komplexe Körpersprache verwenden, um ihren Artgenossen nicht nur die Entdeckung, sondern auch die Lage und die Qualität neuer Futterplätze mitzuteilen. Im allgemeinen verwenden sie dafür drei verschiedene „Tänze":
1 Wenn der gefundene Nektar in unmittelbarer Nähe des Stocks ist, führt die Biene einen sogenannten Rundtanz aus, der in abwechselnden Vollkreisen rechts- und linksherum besteht.
2 Futter in mittlerer Entfernung vom Stock wird durch den sogenannten Sicheltanz angezeigt, der, von oben gesehen, einer flachen, sichelartigen verbogenen Acht gleicht. Die Öffnung der Sichel zeigt in die Richtung der Nahrungsquelle, und wie auch in anderen Bienentänzen, bezieht sich die Geschwindigkeit des Tanzes auf die Qualität des Nektars.
3 Ist das Futter noch weiter vom Stock entfernt, so führt die Biene einen sogenannten Schwänzeltanz aus, der darin besteht, daß sie sich einige Zentimeter in Richtung auf die Fundstelle hin bewegt, im Halbkreis nach rechts oder links zum Ausgangspunkt zurückkehrt und von dort aus die

Bewegung wiederholt. Während des geraden Vorrückens bewegt sie ihren Unterleib auffällig hin und her.

Vor einigen Jahren machte von Frisch die zusätzliche Entdeckung, daß zwei Bienenarten, nämlich die österreichische und die italienische Biene, sich zwar kreuzen und friedlich zusammenleben und -arbeiten können, daß sie aber verschiedene „Dialekte" sprechen, das heißt, daß die eben erwähnten Entfernungsangaben für sie verschiedene Bedeutungen haben. Die italienische Biene verwendet den Schwänzeltanz zur Angabe von Entfernungen über 40 m, während für die österreichische dasselbe Signal eine Entfernung von mindestens 90 m bedeutet. Eine österreichische Biene, die sich mit der von einer italienischen Kollegin gegebenen Information auf den Flug zum Nektar macht, wird ihn also vergeblich, da viel zu weit vom Stock entfernt, suchen. Umgekehrt wird eine italienische Biene nicht weit genug fliegen, wenn sie sich auf österreichische Informationen verläßt. Die Sprache der Bienen ist angeboren. Von Frisch konnte österreichisch-italienische Kreuzungen züchten, deren Kommunikationsverhalten zu babylonischen Verwirrungen Anlaß gab: Er fand, daß 16 seiner Kreuzungen zwar die typische Körperzeichnung ihres italienischen Elternteils hatten, 65- von 66mal aber den Schweltanz zur Kommunikation mittlerer Entfernung vom Stock verwendeten. 15 dieser Kreuzungen dagegen sahen wie ihr österreichischer Elternteil aus, verwendeten aber 47- von 49mal den Rundtanz, wenn sie dieselbe Entfernung meinten. Mit anderen Worten, sie „sprachen italienisch".

Die offensichtliche Lehre, die wir aus diesem Beispiel ziehen können, ist, daß die Zuschreibung einer bestimmten Bedeutung an ein bestimmtes Zeichen dann zur Konfusion führen muß, wenn diese Zuschreibung nicht von allen Zeichenbenutzern erkannt wird – es sei denn, daß die verschiedenen Bedeutungen richtig von der einen Sprache in die andere Sprache (im weitesten Sinne dieses Ausdrucks) übersetzt werden. Weniger offensichtlich ist die Tatsache, daß auch wir Menschen dadurch, daß wir für unsere Kommunikation nicht nur Lautsprache, sondern auch Körpersprache verwenden, für dieselben Probleme anfällig sind wie die eben erwähnten Bienen.

(Watzlawick, P.: Wie wirklich ist die Wirklichkeit? München 1976, S. 15–17. Dieser aus : Frisch, K. v.: Dialects in the Language of the Bees, Scientific American 207, S. 79– 87, August 1962.)

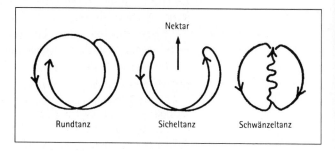

Die Zeichen der Bienen (aus Watzlawick, P.: Wie wirklich ist die Wirklichkeit?, München 1976, S. 16.)

An diesem Beispiel können wir noch einmal ganz klar erkennen, daß zum Kommunizieren ein bestimmter Zeichenvorrat mit der dazugehörigen Bedeutung vorhanden sein muß. Egal, ob es sich hierbei um Menschen oder Tiere handelt, sie unterliegen beide dem gleichen Kommunikationsschema.

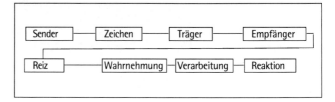

Kommunikationsschema

Ein bestimmtes Medium (Mensch, Tier, Firma...) sendet ein Zeichen (in Form von Buchstaben, Lauten, Zeichen...) über irgendeinen Zeichenträger (Stimme, Papier, Bildschirm...) an einen Empfänger. Dieser erhält einen Reiz, wobei dann die Wahrnehmung mit der darauffolgenden Verarbeitung zuerst zu einer internen Reaktion und anschließend eventuell zu einer externen Reaktion führt. Welche Form diese Reaktion annimmt, kann natürlich von Fall zu Fall verschieden sein. Sendet nun der Empfänger wieder ein Zeichen zurück, wandelt sich die Funktion Empfänger zu Sender und Sender zu Empfänger. Die Folge hieraus ist eine „Reiz-Reaktionskette", die wir im menschlichen Bereich dann als Kommunikation bezeichnen. Wie leicht zu erkennen ist, bietet jedes Glied dieser Kette einen idealen Angriffspunkt für Störgrößen. Ob diese nun beabsichtigt oder unbeabsichtigt eingefügt werden, spielt für unsere Beobachtung im Moment noch keine Rolle. Daß aber das Ergebnis fatal verändert werden kann, steht außer Frage. Wichtig ist deshalb die eindeutige Transformation einer Botschaft, ihren korrekten Empfang zu überprüfen und den Weg zu beobachten. Die Beobachtung dient dazu, um eventuellen Soll-Ist-Abweichungen spontan entgegenzutreten und Anpassungsmaßnahmen in die Wege zu leiten wie bei einem kybernetischen Regelkreis. Doch zeigt die Praxis, daß alle Vorkehrungsmaßnahmen und Überwachungen Fehler nicht völlig verhindern können, sondern nur die Fehlerhäufigkeit mindern.

6 Wahrnehmung von Zeichen

Ein wichtiges Glied in unserer im vorigen Kapitel dargestellten Kommunikationskette stellt die Wahrnehmung dar. Um die optische Wahrnehmung von Zeichen besser verstehen zu können, müssen wir erst einmal die dem Menschen für den Wahrnehmungsprozeß verfügbaren Organe näher untersuchen. Doch vorweg erst noch eine Definition des Begriffs: „Unter Wahrnehmung versteht die Psychologie das, was uns die Sinnesorgane wie Augen, Nase, Ohr, Zunge und Haut von unserer Umwelt mitteilen."

(Bondy, C.: Einführung in die Psychologie, Frankfurt/M., Berlin 1990, S. 25; dieser aus Krech, D.; Crutchfield, R.: Grundlagen der Psychologie, 2 Bde, Weinheim/Berlin 1968/69, S. 26, amerikanisch: Elements of Psychology, New York 1958.)

Sinnes-organe	Wahrnehmungsform	Wahrnehmungs-aktivierung durch
Augen	visuell/optisch (das Sehen betreffend)	Licht (elektromagnetische Strahlung)
Ohr	auditiv/akustisch (das Gehör betreffend)	Töne (Schallschwingungen)
Haut	haptisch/taktil (den Tastsinn betreffend)	Berührung
Nase	olfaktorisch (das Riechen betreffend)	Düfte/Riechstoffe
Zunge	lukullisch (den Geschmack betreffend)	Nahrung

Wahrnehmungsformen des Menschen

Nach Ruth Schwarzes Erkenntnissen aus dem Buch „Gestaltungslehre" erfolgt die Sinneswahrnehmung zu 78% durch Sehen, 13% durch Hören, 3% durch Tasten, 3% durch Riechen und 3% durch Schmecken. Im Gedächtnis bleiben interessanterweise 40% des Gesehenen und nur 20% des Gehörten haften.

(Vgl. Weber, E. A.: Sehen, Gestalten und Fotografieren, Berlin 1979, S.6.)

Dies zeigt in eindrucksvoller Weise, welchen wesentlichen Einfluß das Sehen in unserem täglichen Leben hat. Wird eines der Wahrnehmungsorgane verletzt, so wird es durch die Verstärkung eines anderen Organes ersetzt. Man kann dies bei Blinden beobachten. Sie sind durch ihre Behinderung gezwungen, sich mit anderen Sinnesorganen als den Augen in der Welt zurechtzufinden. Hier übernehmen das Gehör und der Tastsinn die wesentlichsten Orientierungsfunktionen.

Die Wahrnehmung stellt also eine Grundeigenschaft eines jeden Lebewesens dar, auf alle Reize, die uns täglich begegnen, zu reagieren. C.G. Jung (1875-1961), ein berühmter Schweizer Psychologe, beschreibt die Wahrnehmung in seiner Theorie folgendermaßen: „Alle Erfahrungen der äußeren und inneren Welt müssen erst durch unser Ich (welches das ‚Subjekt des Bewußtseins' darstellt) hindurch, um daß sie überhaupt wahrgenommen werden können." (Jacobi, J.: Die Psychologie von C.G. Jung, Olten 1971, S. 19.)

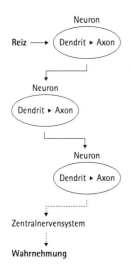

Reiz

Neuron
Dendrit ▸ Axon

Neuron
Dendrit ▸ Axon

Neuron
Dendrit ▸ Axon

Zentralnervensystem

Wahrnehmung

Physiologisch gesehen, stellt die Wahrnehmung eine Art Sinnesreizung dar. Durch optische, akustische, haptische, olfaktorische oder lukullische Reize werden Informationen an das Gehirn geleitet und verarbeitet. Hierbei stellt das Zentralnervensystem, welches durch Gehirn und Rückenmark gebildet wird, den Kern dar. Sensoren der Sinnesorgane empfangen also die Reize und leiten sie über Nervenstränge an die Dendriten weiter. Sie sind die Empfangsstation (Informationsaufnahme) für auftretende Reize. Die Axonen sind nun für die Weiterleitung der Reize verantwortlich. Sie sind quasi die Reiztransporteure (Informationsweitergabe). Man bezeichnet eine solche Verbindung von Axon und Dendrit als Neuron.

Nun ist es allerdings nicht so, daß der Mensch nur ein Neuron besitzt, das es gilt zu stimulieren. Vielmehr hat er eine Unzahl von mikroskopisch kleinsten Neuronen. Dies erklärt auch, warum der Mensch nicht alle Reizungen wahrnimmt, die auf ihn einströmen. Die Neuronenkette stellt somit eine Art Selektionsinstrument dar, das nur die wichtigsten Reize passieren läßt, die wir zum Leben und Überleben benötigen. Sonst würden wir an e iner permanenten Reizüberflutung elendig zugrunde gehen. Es ist also eine bestimmte Erregung der Neuronen erforderlich, um sie zur Informationsaufnahme und -weitergabe zu stimulieren. Erst wenn der Reiz so stark ist, daß er die Neuronenketten bewältigt, gelangt er an das Zentralnervensystem, wo er wahrgenommen wird. (Lefrancois, G.R.: Psychologie des Lernens, Berlin, Heidelberg, New York 1986, S. 71-73.)

6.1 Entwicklung des Gehirns

Das Gehirn (lat. cerebrum) stellt ähnlich einem Prozessor in einem Computer das Herzstück des Menschen dar. Ohne Hirn hätte er keine Überlebenschance. Wie das Gehirn aller Wirbeltiere, setzt sich auch das menschliche aus drei Teilen zusammen: dem Großhirn, dem Stammhirn mit Zwischen-, Mittel-, Rautenhirn und zu guter Letzt noch dem Kleinhirn. Betrachtet man das Gehirn eines Menschen: Von oben wirkt es ähnlich einer Walnuß, zwei Hälften mit einer tiefen Furche.

Nach dreißigjähriger Forschungsarbeit hat der amerikanische Neurophysiologe Paul MacLean, Leiter des Laboratoriums für Gehirnentwicklung und Verhaltensevolution am amerikanischen National Institute of Mental Health, die Ergebnisse seiner Forschungsarbeit in einem Modell der menschlichen Gehirnfunktionen zusammengefaßt. (Vgl. MacLean, P.: Sensory and perceptive factors in emotional functions of triune brain. In: Grenell, Gaboy (Hg.): Biological Foundation in Psychiatry, New York 1976, S. 177-198.) Das Modell nennt sich „Triune Brain", was man auf deutsch als Dreifachhirn bezeichnen könnte. Dabei geht MacLean davon aus, daß sich das Gehirn im Laufe der Zeit zu drei ineinander verschachtelten Hirnen entwickelt hat. Jedes von ihnen erfüllt andere Funktionen, doch nur zusammen entfalten sie die Einzigartigkeit des menschlichen Intellekts.

Das entwicklungsgeschichtlich erste bezeichnet er als Reptilienhirn. Es übernimmt im wesentlichen die zur Erhaltung des Lebens notwendigen biologischen Funktionen, wie z.B. Atmung, Herzschlag usw. Es sind zudem noch spezifische Verhaltensmuster impliziert. Eine Schildkröte als Beispiel hat kaum mehr als ein Reptilienhirn. Sie weiß von Geburt an, daß sie sich von Pflanzen ernähren muß. Bei Gefahr muß sie flüchten oder sich in ihren Panzer zurückziehen. Dies sind alles Handlungen, die in irgendeiner Weise schon vorprogrammiert sind. Reptilien passen sich somit nur sehr schwer an Umweltveränderungen an. Sie haben noch nicht die Fähigkeit, zu lernen und dadurch ihre Verhaltensweisen zu verändern. Vielleicht laufen Schildkröten deshalb in einem Käfig oftmals gegen die Wand. Ändert man nun als hilfsbereiter Mensch nicht die Laufrichtung der Schildkröte, so versucht sie noch

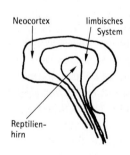

Neocortex

limbisches System

Reptilienhirn

nach Stunden, mit dem Kopf durch die Wand zu dringen, bis sie müde wird und sich vor der Wand niederläßt. Das Aussterben der Dinosaurier, so besagt eine Theorie, war durch diese mangelnde Anpassungsfähigkeit vorprogrammiert. Man nimmt heute an, daß sich das Gehirn vor ungefähr 250 Millionen Jahren weiter zu entwickeln begann.

Die nächste Stufe in der Gehirnentwicklung war das limbische System. Es entstand vor etwa 165 Millionen Jahren. Man spricht hierbei auch vom alten Säugerhirn. Mit seiner Hilfe kann ein Organismus Reize empfangen und verarbeiten. Die Reizaufnahme bildete sich bei den Tieren mehr im Bereich des Gehörs und des Geruchs aus, beim Menschen hingegen mehr im Bereich des Sehens. Der Mensch ist somit vorwiegend ein visueller Reizempfänger. Affe oder Mensch, beide können „lernen", das heißt, beide können durch Verändern bestimmter Verhaltensweisen ihre vorgegebenen Instinkte, wie sie im Reptilienhirn abgelegt wurden, wesentlich mit beeinflussen. Erfahrungen können somit zu einer Verhaltensänderung führen. Wir können diese Gehirnerweiterung bei allen Säugetieren entdecken, daher auch der Name Säugerhirn. Verschiedene Umwelteinflüsse können also das Verhalten eines Säugetieres verändern, bei den Schildkröten oder anderen Reptilien ist dies nur sehr schwer möglich.

Das beim Menschen am weitesten entwickelte Hirn bezeichnet MacLean als Neocortex. Vor etwa fünfzig Millionen Jahren begann es, sich zu entwickeln. Es ist im Prinzip auch das Gehirn, welches uns von anderen Lebewesen dieses Planeten unterscheidet. Ohne den Neocortex wäre der Mensch nicht imstande gewesen, eine Sprache oder eine Schrift zu schaffen. Abstraktes Denken sowie das Vermögen, logische Rückschlüsse zu ziehen, Mitleid, also Gefühle zu empfinden und auszudrücken, sind wesentliche Attribute, die den Neocortex beschreiben. Er ist es auch, der es dem Menschen erlaubt, mehr über sich selbst und seine Umwelt zu erfahren. Natürlich birgt diese Möglichkeit auch Gefahren in sich, wie z.B. Mißbrauch der an sich vielversprechenden Gen-Forschung im Wissen um die Manipulierbarkeit des Menschen.

6.2 Rechte und linke Hemisphäre

Wir haben erfahren, daß das Gehirn entwicklungsgeschichtlich drei Phasen durchlaufen mußte, um den heutigen Stand zu erreichen. Es stellte sich nun der Wissenschaft die Frage, warum sich der Neocortex in zwei Teilen entwickelt hatte. Anfänglich dachte man, es wäre beim Gehirn genauso wie bei anderen Organen des Menschen, nämlich eine Art Ersatz, falls eines ausfällt. Spätestens seit Roger Sperrys Forschungsarbeiten weiß man es besser. Der amerikanische Gehirnforscher, der 1981 für eben diese Erforschung der beiden Gehirnteile den Nobelpreis erhielt, experimentierte vornehmlich mit Menschen, die am Gehirn verletzt waren. Er stellte hierbei fest, daß bei Personen, deren rechte Gehirnhälfte (Hemisphäre) verletzt war, das Bild- und Raumverständnis, eben das „Irrationale", und bei linksseitig hemisphärisch Verletzten die mathematische sowie sprachliche Logik, eben das „Rationale" verlorenging. Man konnte somit zu der Erkenntnis kommen, daß die rechte Hemisphäre mehr den Gefühlsmenschen und die linke mehr den intellektuellen Menschen ausmacht. Des weiteren erkannte man die Zusammengehörigkeit der beiden Gehirnhälften zu den beiden Körperhälften. Hierbei stellte man fest, daß es sich über Kreuz verhält. Das heißt: Die linke Hemisphäre steuert den rechten Körperteil und die rechte Hemisphäre den linken Körperteil. Heute ist man sich fast sicher, daß beide Hemisphären spezielle Funktionen übernehmen, die im wesentlichen voneinander unabhängig sind. Das bedeutet, ein Mensch, bei dem eine Gehirnhälfte ausfällt, kann entweder nur das Gesehene verbalisieren (dies bei fehlender rechter Hemisphäre) oder aber in visuell räumlicher Art, also nicht verbal wahrnehmen (dies bei fehlender linker Hemisphäre).

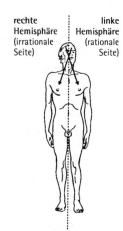

rechte Hemisphäre (irrationale Seite)

linke Hemisphäre (rationale Seite)

Für unseren Bereich der Wahrnehmung ist noch die Art der Informationsverarbeitung interessant. Beide Hemisphären unterscheiden sich hierbei wesentlich. Die rechte Hemisphäre erfaßt eine Information als Ganzes. Das bedeutet, wenn wir uns beispielsweise in einem Raum befinden, nehmen wir ihn ganz wahr, nicht nur einen Teilbereich. Wir empfangen die Helligkeit des Raumes, die Art der Möblierung, die Anwesenheit von Personen usw. und speichern diese Empfindungen.

Ronald Reagan   Margaret Thatcher

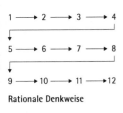

Rationale Denkweise

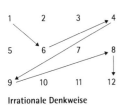

Irrationale Denkweise

Dank dieser rechten Hemisphäre finden wir uns also in der Welt zurecht. Das bedeutet, daß beim Anblick eines visuellen Zeichens, wie z.B. einem Signet, die rechte Hemisphäre zuerst aktiviert wird. Erst im zweiten Schritt wird sich dann die linke Hemisphäre einschalten und versuchen, das Gebilde zu verbalisieren. Man kann dieses Zusammenspiel auch sehr schön an sich selbst beobachten. Wem ging es noch nicht so, daß er ein Gesicht vor Augen hatte und einen Moment brauchte, bis ihm der dazugehörige Name der Person einfiel? Sie können dies auch anhand der Abbildungen testen. Sie sehen hierzu zwei bekannte Köpfe. Beobachten Sie nun einmal, wie lange Sie benötigen, um den Namen im Geiste zu finden.

Die linke Hemisphäre erfaßt im Gegensatz zur rechten nur teilbezogen. Sie verbindet Informationen schrittweise, arbeitet also nach einem logischen Prinzip. Logisch, analytisch oder rational bedeutet hierbei, daß etwas exakt nach der Reihe abgehandelt wird. Irrationalität oder Kreativität bedeutet dagegen mehr sprunghaftes Vorgehen. Hierzu ein Beispiel: Nehmen wir einmal an, ein Grafiker (irrationale Hemisphäre) und ein Kontakter (rationale Hemisphäre) bekommen die Aufgabe, ein Firmenzeichen zu entwickeln. Beide suchen nun nach der richtigen Lösung. Während der Kontakter erst einmal sämtliche Lektüren zu Rate zieht, hat der Grafiker schon seiner Intuition freien Lauf gelassen und ein Zeichen fertig. Der Kontakter, sprich die linke Hemisphäre, „konstruiert" Signets, um irgendwann einmal an das am besten geeignete zu kommen. Der Grafiker, hier als Beispiel für die rechte Hemisphäre, versucht es in einem Schritt durch einen geistigen Sprung. Das bedeutet, er kann, wenn er Glück hat, das gleiche Ergebnis wie der Kontakter erreichen, nur wesentlich schneller. Der Nachteil wiederum ist, daß er nicht unbedingt immer das zweckentsprechendste entwirft. Der Kontakter hingegen wird zumeist, wenn er jeden Punkt abhakt, zum Ziel gelangen. Wir sehen also, beide Denkweisen haben etwas für sich. Die eine ist etwas sicherer und die andere etwas schneller. Mit beiden können wir aber das gleiche Ziel erreichen, hierbei unterscheiden sie sich nicht.

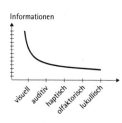

Informationen

visuell auditiv haptisch olfaktorisch lukullisch

6.3 Informationsverarbeitung und -speicherung

Der Mensch ist in der Informationsverarbeitung sehr beschränkt. In bezug auf die Sinnesorgane haben wir ja schon gesehen, daß er ein sehr visuell orientiertes Lebewesen ist, das auf visueller Ebene bedeutend mehr Informationen verarbeiten kann als mit einem anderen Sinnesorgan. Dieses Wissen machen sich neuartige Lehrmethoden zunehmend zunutze. Während Computer heute schon mehrere Jobs nebeneinander abarbeiten, kann der Mensch nur sehr wenige Reize gleichzeitig aufnehmen. Treten viele auf, so setzt sich der Reiz mit dem stärksten Aktivierungspotential durch. Unter Aktivierungspotential versteht man, welches Interesse, welche Erregung oder welchen inneren Spannungs-zustand eine bestimmte Botschaft beim Empfänger hervorruft. Eine Botschaft, die durch besondere Lautstärke, Andersartigkeit oder sexuelle Reize übermittelt wird, hat im Gegensatz zu anderen „normalen" Reizen eine höhere Aktivierung zur Folge und somit eine höhere Wahrnehmungschance. Natürlich kommt es auch noch auf die Einstellung, das Bedürfnis oder die Motivation des Empfängers an.

(Vgl. Unger, F.: Werbemanagement, Heidelberg 1989, S. 221.)

Bei der Frage, wo denn die Reize nach ihrer Wahrnehmung gespeichert werden, unterstellt man dem menschlichen Gehirn drei verschiedene Speicher. Den sensorischen, Kurzzeit- und Langzeitspeicher.

Im sensorischen Speicher werden bei einmaligen kurzfristigen Reizimpulsen (Bruchteile von Sekunden) nur sehr wenige Behaltenseffekte ausgelöst. Gutes Beispiel hierfür ist eine Autofahrt durch eine fremde Großstadt. Am Ziel angekommen, können wir nur wenige gespeicherte Informationen über die soeben beendete Fahrt aus dem Gedächtnis hervorholen. Dies verdeutlicht, daß die Speicherzeit relativ kurz war. Der sensorische Speicher ist somit eine Art flüchtiger Speicher, der einerseits zum Schutze vor Informations-überlastung dient und zum anderen unwichtige Reize von wichtigeren trennt, auswirft und Platz für neue schafft.

Bei mehrmaligem Auftreten (Wiederholungen) von bestimmten Reizen erreichen diese das Kurzzeit-gedächtnis. Hier können sie bis zu mehreren Stunden gespeichert bleiben. Charakteristisch für das Kurz-

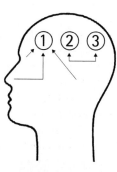

① sensorischer Speicher
② Kurzzeitspeicher
③ Langzeitspeicher

Stimuli →

zeitgedächtnis ist, daß lediglich Denktätigkeiten ausgeführt werden. Dabei werden wahrgenommene Reize mit bereits vorhandenen Erfahrungen verglichen, wie dies bei einem Vortrag über ein bestimmtes Thema der Fall ist.

Bei permanenten Wiederholungen bestimmter Reize gelangen sie in das Langzeitgedächtnis, wo sie über Tage, Monate oder gar Jahre gespeichert werden können.

Das bedeutet für Zeichen jeder Art, daß sie wiederholt auffallen müssen, um im Langzeitgedächtnis gespeichert zu werden. Selbst das auffälligste Zeichen wird somit nur durch Wiederholung gespeichert, bei einmaliger Betrachtung aber bald wieder vergessen. Im Bereich der Werbung wird dies oftmals übersehen. Da werden horrende Kosten für die Gestaltung von Fernsehspots, Firmenzeichen oder Werbemitteln ausgegeben, und nachher beim Schalten oder Vertreiben wird eingespart. Und wer ist dabei der Gewinner? Die Agentur oder der Auftraggeber? Werbung wird hier oftmals falsch verstanden, deswegen denken Sie bei der nächsten Werbeetatbesprechung an diesen geldwerten Slogan: „Penetration, bis daß der Käufer platzt!"

Ein weiteres Thema, das die Merkfähigkeit nicht unwesentlich beeinflußt, stellt die Emotion dar. Sie wurde bei diesem Modell nicht berücksichtigt. Man kann jedoch sagen, daß starke innere emotionale Vorgänge – sind sie von positiver Art – stärker als negative in Erinnerung bleiben. Ein amerikanischer Werbeforscher namens Schwerin untersuchte zu diesem Thema, ob und inwieweit sich negative, neutrale und positive Werbeinhalte auf das Behalten von Werbebotschaften auswirken können. Es stellte sich heraus, daß positive Webekampagnen wesentlich länger behalten werden als neutrale und negative Kampagnen. Unter positiver Kampagne versteht er z.B. die Inhalte: Schönheit, gesunde Familie, heile Welt usw., unter neutraler Kampagne eine eher sachlich-informativ gehaltene Aussage und unter negativer Kampagne Tod, Häßlichkeit oder Krankheit.

Einen großen Einfluß auf die Steigerung der Merkfähigkeit stellen die sogenannten Schlüsselreize dar. Sie sind biologisch vorprogrammierte Reize, denen man sich kaum entziehen kann. Beispiele für Schlüssel-reize wären: Sex bei Mann und Frau, Kinderschema und Tiere, also alles, was hilfsbedürftig aussieht, Augen, die Rätselhaftes symbolisieren, Totenkopf oder andere Angstauslöser und die Scheu vor fremden Kulturen, sprich Exotik. Da die Wirkung dieser Schlüsselreize den meisten Werbungsmachenden bekannt ist, nämlich Steigerung der Aufmerksamkeit (Steigerung der Aktivierung), ergibt sich das Problem, daß viele Werbungstreibende eben diese Schlüsselreize einsetzen und somit die Wirkung schmälern. Es stellt sich dann die Frage, wie man trotzdem die Aufmerksamkeit erhöhen kann. Prof. Dr. Werner Kroeber-Riel, Direktor des Instituts für Konsum- und Verhaltensforschung an der Universität des Saarlandes, hält es für am erfolg-reichsten, wenn man mit Verfremdungen arbeitet. Das heißt, bekannte Situationen, die auf den durchschnitt-lichen Betrachter langweilig wirken, sollen in einer ungewöhnlichen bzw. untypischen Weise dargestellt werden.

Exemplarisch hierfür sind unter anderen die Anzeigen und Spotserien der Volksbank. Hierzu ein Werbespotbeispiel: Man sieht zu Beginn eine kurvige Gebirgsstraße, auf der sich ein schnell fahrender Truck fortbewegt. Die Kamera schwenkt zu einem vor dem Truck liegenden Teil der Straße, der in einer Kurve liegt und somit vom Truckfahrer nicht erkannt werden kann. Beängstigend viel Geröll von Steinen bewegt sich auf die Mitte der Straße zu. Der Truck nähert sich. Wie durch Geisterhand bewegt, rollt das Gestein in letzter Sekunde von der Fahrbahn und läßt den Truck unbe-helligt passieren. Es erscheint der Slogan: „Wir machen den Weg frei!" Volksbank... Man kann hier erkennen, daß mittels des Slogans: „Wir machen den Weg frei!" und der Episode mit dem Truck, die im Prinzip über-haupt keine Verbindung zum Bankgeschäft hat, versucht wird, eine sinnbildliche Analogie herzustellen. Als Information soll der Betrachter den Eindruck mitnehmen, daß er mit Hilfe der Volksbank keine wesentlichen Probleme im Leben haben wird. Die Volksbank beseitigt sie ohne Beschwernisse für den potentiellen Kunden. Hier ist es also gelungen, mit Hilfe einer einfachen Analogie, aus einem spannungsgeladenen Moment heraus, Verbindungslinien zum eher sachlich wirkenden Bankwesen zu schaffen. Das heißt auch, daß der Zuschauer beim Anschauen des Spots animiert wird mitzudenken, was die Werbewirkung wesentlich erhöht.

Diese eben erwähnten Faktoren gehören alle unter den Sammelbegriff SOR-Modell (Stimulus-Organismus-Response-Modell), mit dem versucht wird, Wahrnehmungsprozesse zu hinterfragen und zu erklären.

Bezogen auf unser Thema der Zeichengestaltung, heißt dies nichts anderes, als daß wir versuchen müssen, die als Sender fungierenden Zeichen so darzustellen, daß sie die Wahrnehmungsschwelle beim Betrachter überwindbar machen. Um den Adressaten dann noch dazu zu bringen, die Informationen im Gedächtnis zu behalten, muß er sie seinem bereits gespeicherten Zeichenvorrat zuordnen können. Das heißt, daß wir uns als Gestalter von Zeichen im wesentlichen mit zwei Problemen „herumschlagen" müssen. Als erstes mit der Hürde der Aufmachung, um überhaupt einen Reiz beim flüchtigen Betrachter auszulösen, und als zweites mit der Hürde des Verstehens, damit der empfangene Reiz gespeichert wird. Bei der Speicherbarkeit kommt es natürlich noch auf die Anzahl der Kontakte an, die dem Empfänger mit der Botschaft zugehen. Dabei entscheiden maßgeblich Art und Strategie, in welchen Medien man auftritt. Dies sind jedoch Probleme, die den Grafiker nur indirekt betreffen. Es sind vielmehr Aufgaben des Auftraggebers, und sie beeinflussen die Gestaltungsarbeit lediglich im technischen, vielleicht auch noch etwas im formalen Bereich. Wir setzen also voraus, daß die Informationen über den späteren Einsatz des Zeichens schon vorliegen. Untersuchen wir deshalb erst einmal die beiden Faktoren „Hürde der Aufmachung" und „Hürde des Verstehens" unter dem Gesichtspunkt der visuellen Wahrnehmung noch etwas genauer.

6.4 Hürde der Aufmachung
Um die Hürde der Aufmachung zu überwinden, stehen uns eine Vielzahl von Möglichkeiten zur Verfügung. Dies kann mit Hilfe von Farbe, Form, Größe oder Abstraktion etc. geschehen. Im wesentlichen gilt es jedoch immer wieder für den Grafiker, seine Arbeit

durch ungewöhnliche und auffallende Gestaltung aus der Masse der Informationen abzuheben. Das muß aber sehr überlegt geschehen, denn Auffallen um jeden Preis hat hier keinen Sinn. Und es muß ein Bezug zum Gesamtkonzept vorhanden sein, sonst sind alle Aktivitäten ziellos und damit nutzlos.

Um bei der Gestaltung nicht in kreative Abgründe zu geraten, die niemand mehr versteht, sollten wir einige im Menschen fest verankerte Ordnungsprinzipien beachten. Man bezeichnet sie in der Gestaltpsychologie – ausgehend von der Berliner Schule – als „Gestaltgesetze". Sie helfen uns bei der Analyse und der Gestaltung von Abbildungen jeglicher Art und entscheiden deshalb mit, ob eine Botschaft verstanden oder mißverstanden wird. Als erstes wollen wir uns die „Figur-Grund-Differenzierung" anschauen. Bei ihr sollte sich ein bestimmtes Element von seinem Hintergrund in Farbe oder Muster, Schwarz-Weiß-Anteil etc. optisch unterscheiden lassen. Man spricht bei dem hervorstechenden Element dann von der „Figur" und dem dahinterliegenden als „Grund". Es gibt nur wenige Erscheinungen, bei denen man nicht eindeutig Figur und Grund bestimmen kann. Ein typisches Beispiel ist die Kippfigur, wobei die Wahrnehmung zum einen von der Form eines Pokals und zum anderen vom Zweier-Gesichtsprofil verwirrt wird. Welches der Betrachter als erstes erkennt, ist von Fall zu Fall verschieden.

Ein weiteres Grundbedürfnis des menschlichen Gehirns ist es, Elemente, die dicht beieinander liegen, zu einem Ganzen zusammenzufassen. Der Sinn liegt darin, alles so einfach und übersichtlich wie möglich zu machen. Es fällt dem Menschen bedeutend leichter, zusammenhängende Elemente zu behalten als ein konfuses Feld von zusammenhaltlosen Informationen. Man bezeichnet dies als „Gesetz der Nähe".

Vom „Gesetz der Ähnlichkeit" sprechen wir, wenn sich verschiedene Elemente in Farbe, Form oder Größe etc. ähnlich sind und somit zu einem Ganzen verbunden werden. Das heißt, bei einer Reihe von gleich großen Dreiecken und einer darunterliegenden Reihe von gleich großen Kreisen werden beide als Reihen wahrgenommen, nicht als einzelne Objekte.

Das „Gesetz der Geschlossenheit" sagt aus, daß der Wahrnehmende bestrebt ist, unvollständige Figuren im

Geiste zu verbinden. Fehlt bei einem gleichschenkligen Dreieck eine Seite, so ist man versucht, die fehlende Seite zu ergänzen, um damit den Eindruck eines ganzen Dreiecks zu erhalten. Es wird somit ein „geschlossenes" Bild erzeugt.

Allen diesen Gesetzen überlagert ist die „Prägnanztendenz". Sie wird auch als „Tendenz zur guten Gestalt" bezeichnet. Treten in einer Abbildung mehrere Reize auf und können diese vom Betrachter auf unterschiedliche Art und Weise geordnet werden, so tritt die prägnanteste Zusammenstellung in den Vordergrund. Darunter ist in diesem Zusammenhang die einfachste, kontrastreichste, geschlossenste, symmetrischste etc. Darstellung zu verstehen. Besonders deutlich läßt sich dieses Gesetz an geometrisch-optischen Täuschungen beobachten. Bekannte Täuschungen sind z.B. die Müller-Lyersche Pfeiltäuschung, die Sandersche Parallelentäuschung, die Ebbinghaussche Kreistäuschung usw. Bei der Betrachtung eines spitzen oder stumpfen, also eines von 90° abweichenden Winkels, werden Sie feststellen, daß Ihr Gehirn versucht, diese „als rechte" Winkel wahrzunehmen.

| Figur-Grund-Differenzierung | Gesetz der Nähe | Gesetz der Ähnlichkeit | Gesetz der Geschlossenheit | Prägnanztendenz |

Gestaltgesetze

| Müller-Lyersche Pfeiltäuschung | Sandersche Parallelentäuschung | Ebbinghaussche Kreistäuschung | Kippfigur |

Geometrisch-optische Täuschungen

In der Ganzheitspsychologie geht man davon aus, daß jeder Mensch bestimmte Vorgestalten (Erwartungen, die auf Erfahrungen beruhen) in sich birgt. Die Ganzheitspsychologen gestehen einem Werbemittel (Anzeige, Verpackung usw.) nur dann einen hohen Grad der Beachtung zu, wenn es sich mit den Vorgestalten der Rezipienten deckt. (Vgl. Huth, R., Pflaum, D.: Einführung in die Werbelehre, Stuttgart 1991, S. 30.) Einen Schritt weiter gehen hierbei noch die genetisch orientierten Ganzheitspsychologen. Sie sind überzeugt, daß gefühlsmäßige bzw. spontane Emotionen den ersten Wahrnehmungseindruck bestimmen. Aktualgenetische Verfahren sollen dabei Rückschlüsse zulassen. Wenden wir uns einem solchen aktualgenetischen Verfahren zu: „Ein Inserat, das für ein Genußmittel warb, zeigte sympathisch dargestellte Neger bei der Ernte des Rohstoffes im Ursprungsland. Es war zu prüfen, ob von den Negern ungünstige Momente ausgingen. Auch bei sorgfältiger Exploration ließ sich nichts derartiges fassen... Beim aktualgenetischen Versuch dagegen traten diese Störmomente sogleich eindeutig und unvermittelt auf, obwohl häufig die Neger überhaupt noch nicht explizit als solche erfaßt waren. Trotzdem wurden die bereits wahrgenommenen Gestalten auf Befragen als „widerlich", „unsympathisch", „gefährlich" usw. bezeichnet. (... eine Aussage, die später, nach Abänderung der Neger in hellhäutige Personen, nie auftrat.)" (Spiegel, B.: Werbepsychologische Untersuchungsmethoden, Berlin 1970, S. 61.)

Eine noch etwas andere Antwort auf die Frage, wie man etwas gestalten soll, damit es auffällt, geben die Elementenpsychologen. Sie gehen primär davon aus, daß Abbilder nur dadurch entstehen, daß sie vorher chemisch-physikalische Reize in unserem Gehirn ausgelöst haben. Wie in einem Puzzle werden dann die einzelnen Reize zusammengesetzt. Es entsteht somit ein „Ganzes Objekt" aus der Summe der einzelnen Elemente. Dies bedeutet, daß bei einer Anzeige jedes Element zunächst einmal für sich selbst wahrgenommen wird, bevor es mit den anderen Elementen zusammen im menschlichen Gehirn zu einem Gesamteindruck verschmolzen werden kann. (Vgl. Huth, R., Pflaum, D.: Einführung in die Werbelehre, Stuttgart 1991, S. 28.)

Als Fazit aus allen drei Theorien können wir trotz ihrer Unterschiede einen wesentlichen Grundsatz für unsere Gestaltungspraxis entnehmen: Man sollte bei jeglicher Art von Informationsübermittlung, ob verbal oder visuell, auf bereits vorhandene „Decodierungsmuster" des Gehirns Rücksicht nehmen. Ein Zuwiderhandeln kann zwar im ersten Moment eine Aufmerksamkeitserhöhung erzwingen, jedoch im zweiten Moment wird, sofern der Adressat die Information seinem Zeichenvorrat nicht zuordnen kann, eine Frustration und darauf folgend möglicherweise sogar eine Aggression entstehen, so daß die beabsichtigte Wirkung völlig verfehlt wird. Eine andere Sache ist es, durch Originalität aufzufallen, wobei diese jedoch nur Hinweischarakter auf die eigentliche Information haben darf, wie es bei einem Blickfang der Fall ist.

6.5 Hürde des Verstehens

Beim zweiten entscheidenden Punkt, der „Hürde des Verstehens", geht es vor allem darum, daß eine Botschaft vom Adressaten schnell erkannt und verstanden wird. Es stellt sich somit die Frage, wie eine Information aufbereitet sein muß, daß sie der Empfänger zweifelsfrei decodieren kann. Dabei stellt sich heraus, daß die Bildhaftigkeit einer Information der Schlüssel zum leichteren Verständnis ist. Eine bildhafte Darstellung wird also von unserem Gehirn besser verstanden als ein Wortgebilde. Wie wir ja an uns selber feststellen können, denken wir nicht in Worten, sondern in Bildern. Bestes Beispiel sind unsere Träume. Besonders deutlich wird es bei der Speicherung von Informationen. Wem fällt es nicht leichter, sich das Gesicht eines Menschen zu merken als dessen Namen. Wir können aus den Beispielen entnehmen, daß bei einer längerfristigen Speicherung von Informationen Bildhaftes besser erinnert wird als Wortgefüge oder Zahlen. Interessant ist hierbei die wissenschaftliche Untersuchung von Robertson (vgl. Robertson, K. R.: Recall and Recognition Effects of Brand Name Imagery, Psychologie & Marketing, 4, 1987, S. 3-15), der nachwies, daß konkrete bildhaft formulierte Markennamen, wie z.B. „Frosch", besser erinnert werden als abstrakte Markennamen, wie z.B. „Moment". Eine genauere Erklärung hierfür liefert uns der Wissenschaftler Paivio (vgl. Paivio, A.: Imagery and Verbal

Processes, New York, Chicago 1971) mit seinen Theorien der doppelten Codierung. Sie besagen, daß abstrakte Begriffe, wie etwa „Freiheit", nur verbal in unserem Gehirn codiert werden. Konkrete Begriffe jedoch, wie „Sonnenuntergang", rufen in uns zugleich noch innere Bilder hervor. Sie sind deswegen nicht nur in ihrem eigenen Code, sondern auch im Bildercode des menschlichen Gehirns verfügbar. Das heißt, konkrete Begriffe, die bildhaft assoziiert werden können, werden aufgrund ihrer doppelten Codierung noch besser behalten. Allgemein gesagt, bedeutet dies, je konkreter – sprich vorstellbarer – bildliche und verbale Informationen aufbereitet sind, um so größer ist die Wahrscheinlichkeit, daß sie verstanden und gespeichert werden. (Vgl. Kroeber-Riel, W.: Konsumentenverhalten, München 1990, S. 358.) Bezogen auf die Signetarten, würde es bedeuten, daß einem kombinierten Zeichen, bestehend aus einem bildhaften Teil, wie dem Bildzeichen, und einem sprechbaren Teil, wie dem Wortzeichen, die höchste Speicherbarkeit zufällt. Je mehr ein Bezug zwischen Namen oder Leistungserstellung und Abbild besteht, desto leichter fällt es dem Betrachter natürlich, auch die empfangene Botschaft zu behalten. Es kann hierbei eine Art „Synergieeffekt" (Verstärkung) entstehen, wenn die vorgenannten Komponenten zusammentreffen.

Ein weiterer Aspekt, der das Verstehen einer Information begünstigt, ist sein semantischer (inhaltlicher) Anteil. Ist der Inhalt klar erfaßbar, ohne daß der Betrachter anfangen muß zu interpretieren, so begünstigt dies wiederum die Speicherung im Gedächtnis. Dieses Wissen machen sich viele Firmen zunutze. Ihr Ziel ist, auf unterhaltsam-verständliche Art dem Konsumenten ein Bild von ihrer Firma, ihrem Produkt, ihrer Dienstleistung usw. zu vermitteln. So erstaunt es auch nicht, daß man bei führenden Marken meistens ein konkretes Bild vor Augen hat, wie bei Apple Macintosh den bunten Apfel, bei Marlboro den Cowboy, bei Camel das Kamel, bei Shell die Muschel usw. Wenn Sie aber nun gefragt werden, was Ihnen bei der Zigarettenmarke Reval als bildhafter Zusatz einfällt, so werden Sie wahrscheinlich nach längerem Überlegen achselschüttelnd resignieren. Nicht immer muß ein Bild jedoch einen Bezug unmittelbar zur

Leistung haben. Auch Bilder, die Emotionen auslösen, können bei gezieltem Einsatz positiv auf den Namen wirken. In der Werbeforschung befaßt man sich sehr eingehend mit den hier erwähnten Problemen. Man bezeichnet dieses Gebiet dort als „Imagery-Forschung" (Untersuchung innerer Bilder von Menschen, die durch äußere und innere Reize ausgelöst werden).

7 Die Macht der Zeichen

„Wie anders wirkt dies
Zeichen auf mich ein!"

(Goethe, Faust)

Welche Macht Zeichen haben und ausstrahlen, können
wir fast täglich an uns selbst oder unserer Umwelt
beobachten. Das soll aber nicht heißen, daß die Zeichen
von sich aus eine Macht ausüben, sondern sie wird
ihnen von uns Menschen verliehen, der wir uns dann
unterwerfen. Sie ist scheinbar logisch zu begründen
und daher unantastbar.

Wie kommt es nun, daß wir den Zeichen so große
Bedeutung zumessen? Die plausibelste Antwort darauf
lautet: Das menschliche Leben birgt Unsicherheiten in
sich, so daß man nach Orientierungshilfen sucht, um
sich in der Welt zurechtzufinden und einen Lebenssinn
zu erkennen. Wie wir ja alle wissen, befindet sich der
Mensch zeit seines Lebens auf der Suche nach diesem
Lebenssinn. Da es aber in dieser Frage keine absolute
„Wahrheit" geben wird, sucht man Zuflucht bei Ersatz-
wahrheiten, also Religionen, Heilslehren, Weltanschau-
ungen, Doktrinen, Utopien. Dabei werden in der Regel
auch Lehrgebäude errichtet sowie Verhaltensmodi
formuliert und selbstverständlich Hierarchien
aufgebaut, die mit Vorliebe Zeichen nutzen zur
Erhaltung ihrer Macht und Durchsetzung ihrer Ziele.
Diese Hierarchien sollen hier aber keineswegs pauschal
verurteilt werden, denn sie vermögen immerhin vielen
Menschen zu helfen, ihr Leben besser zu bewältigen.

Wer würde schon von sich behaupten, kein
mulmiges Gefühl in der Magengegend verspürt zu
haben, als ihm der Lehrer eine verpatzte Klausur auf
den Tisch knallte. Deutlich konnte man dabei bemerken,
welche suggestive Kraft sich hinter einer simplen Zahl
verbirgt. Nach Skinners Theorie des operativen
Konditionierens (Lernen durch Belohnung oder
Bestrafung = Reizverstärker) wird bei Kindern bereits
der Grundstein für egoistisches, übertrieben leistungs-
orientiertes Verhalten gelegt.

Befassen wir uns in diesem Zusammenhang also
zuerst mit einem beliebten Reizthema, den Schulnoten.
Eine Zahl zwischen eins und sechs, Himmel oder Hölle,
Freud oder Leid geht von dieser Skala aus, der kaum
jemand zu entrinnen vermag. Mit einer Eins verbindet

die Gesellschaft: Erfolg, Talent, Ehrgeiz, Intelligenz...,
eben positive Merkmale, mit einer Sechs hingegen:
Dummheit, Faulheit, Niveaulosigkeit..., eben negative
Merkmale. Gott sei Dank werden wir in unserer
menschlichen Fehlbarkeit jedoch hin und wieder eines
Besseren belehrt. Erinnert sei an die schlechten Schulnoten einiger bekannter Geistesgrößen. Der Nobelpreisträger Albert Einstein (1879-1955) interessierte
sich überhaupt nicht für Sprachen und Geschichte,
trotzdem veränderte er mit seiner Relativitätstheorie
grundlegend das Weltbild der Physik. „Es ist schlecht,
wenn die Schule mit Methoden des Zwangs und der
künstlichen Autorität arbeitet. Sie zerstört die Auf-
richtigkeit und das Selbstvertrauen der Schüler.
Sie erzeugt unterwürfige Menschen."- (Heckenschütz, D.:
Lehrer ärger Dich! Frankfurt 1989, S. 32.) Sicherlich bedenkens-
werte Worte, die vielleicht eigene negative Schulerfah-
rungen wachrufen.

Doch nicht nur Albert Einstein, auch Richard
Wagner, Justus von Liebig, Hermann Hesse, Bertold
Brecht, Albertus Magnus, Arthur Schopenhauer, Robert
Bosch, um nur einige weitere aufzuzählen, hatten
Probleme mit der Schule. Ihre Schule vermochte die
späteren Genies weder zu erkennen noch zu fördern.
Die meisten von ihnen konnten sich erst nach Verlassen
der Schule ihren Anlagen entsprechend entwickeln. Die
Schule hat für manch einen jungen Menschen eine Art
„Bremserfunktion", wohl kaum das, was sie eigentlich
anstrebt.

Was am meisten an diesem System stört, ist das
Bestreben, alles quantifizierbar zu machen. Wir sollten
zur Kenntnis nehmen, daß sich vieles außerhalb der
exakten Naturwissenschaften zwar beschreiben, aber
nicht messen läßt. Es ist offensichtlich, daß die linke
Hemisphäre des Gehirns gegenwärtig wichtiger
genommen wird als die rechte, die für Irrationalität,
Gefühl und Kreativität steht.

Wenden wir uns nach diesem Exkurs nun einer
anderen Zeichenform zu, die heute weltweit als
Symbol der totalitären Nazi-Herrschaft gilt. Es geht
um das Swastika-Kreuz bzw. Hakenkreuz. Obwohl es
nicht von uns Deutschen erfunden wurde, ist es doch
untrennbar mit unserer Geschichte verbunden. Dieses
alte, weitverbreitete ursprüngliche Segenszeichen aus

zwei sich überschneidenden Balken übernahm Hitler nach seiner Machtübernahme 1933 als staatliches Emblem. Die Bezeichnung „Swastika" stammt aus dem Sanskrit, einer altindischen heiligen Sprache, und bedeutet soviel wie „sich wohlfühlen". In China galt es als Zeichen für höchste Perfektion. In Japan wurde es „manji" genannt und war der Mengenbegriff für 10 000, was damals gleichbedeutend mit unendlich war.

Es gibt zwei verschiedene Darstellungsweisen, denen nach altchinesischen Deutungen unterschiedliche Inhalte zukommen. Zum einen ist es das Kreuz mit linksdrehender und zum anderen das mit rechtsdrehender Bewegung. Beide Stellungen verleihen dem Hakenkreuz – im Gegensatz zum normalen Kreuz – eine Drehbewegung. Die Darstellung eines linksdrehenden Kreuzes bedeutete Glück, die eines rechtsdrehenden Unglück. Hitler benützte das rechtsdrehende – !
(Vgl. Frutiger, A.: Der Mensch und seine Zeichen, Paris 1978, S. 276.)

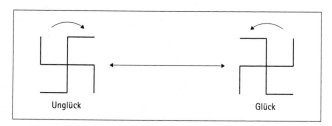

Unglück   Glück

Rechts- und linksdrehendes Swastika (aus Frutiger, A.: Der Mensch und seine Zeichen, Paris 1978, S. 276.)

Wie am Beispiel des Hakenkreuzes sehr gut zu demonstrieren ist, können sich die Inhalte im Laufe der Zeit verändern. Vor 1945 während der Nazidiktatur war es ein Zeichen, das Stärke, Macht, Gemeinsinn, Nationalstolz, Optimismus usw. ausstrahlte; nach 1945 wandelten sich die Bedeutungsinhalte. Man verband damit jetzt Angst, Haß, Größenwahn, Skrupellosigkeit usw. Hitler wußte um die Macht der Zeichen und setzte sie auch dementsprechend wohlüberlegt an allen nur erdenklichen Objekten ein. Ob auf Uniformen, Fahrzeugen, Fahnen, Gebäuden usw., überall waren sie allgegenwärtig. Sie mußten zwangsläufig zu einem unbewußten Bestandteil des deutschen Bewußtseins werden. Das Zeichen hatte die Funktion als Sympathieträger zwischen Bevölkerung und Partei. Vor allem das

Hakenkreuz fungierte als bildhafte Darstellung der nationalsozialistischen Ideologie. Anzunehmen ist auch, daß Hitler zumindest intuitiv wußte, daß einem positiven Bild ein negatives gegenüberstehen muß, um das positive fest zu verankern. Um dieses Negativbild jedoch nicht dem Zufall zu überlassen, was seiner Ideologie eventuell hätte schaden können, suchte er ein systemkonformes Gegenbild.

Hitlers Feindbild sollte als Ziel für den Frust enttäuschter Volksgenossen herhalten. Was erschien da naheliegender, als eine Gruppe von Menschen aus der eigenen Bevölkerung ins Visier zu nehmen, die schon über Jahrhunderte hinweg ihres Glaubens wegen die Rolle des Sündenbocks übernommen hatte: die Juden! Das hatte sogar noch einen willkommenen Begleiteffekt: Sie waren vielfach wohlhabend oder gar reich, und ihr konfisziertes Eigentum konnte dazu beitragen, die Aufrüstung zu finanzieren. Als Gegenstück zum Hakenkreuz hatte er jetzt ein gleichwertig einprägsames Symbol für das Negative. Den Judenstern, auch Davidstern oder Siegel Salomos genannt, mußte er nicht einmal mehr entwickeln; er war schon da und durch jahrhundertelange Meinungsmache negativ vorbelastet. Hitler hatte es also geschafft, die Frustrationen und Vorbehalte vieler Menschen mit scheinheiligen Argumenten auf ein seit jeher gehetztes Volk abzuleiten, das seit seiner Vertreibung schon für alles Erdenkliche verantwortlich gemacht wurde. Erinnert sei an das 14. Jahrhundert, als die Pest in Europa wütete und die Juden als Verursacher herhalten mußten.

„...Flüsse und Quellen,
die sauber und klar war`n
sie haben sie überall vergiftet..."

(Tuchmann, B.: Der ferne Spiegel, Düsseldorf 1980, 5. Kapitel.)

Man setzte das Gerücht in die Welt, die Juden würden die Brunnen vergiften, um die gesamte Christenheit zu töten. Nun würden sie ihr Ziel, die Welt zu beherrschen, in die Tat umsetzen. Als man dann später herausfand, daß die Pest eine Infektionskrankheit ist, die von Nagetieren durch Vermittlung von Rattenflöhen auf den Menschen übertragen wird, waren schon Tausende von Juden der Lynchjustiz zum Opfer gefallen.

(Vgl. Tuchmann, B.: Der ferne Spiegel, Düsseldorf 1980, 5. Kapitel.)

In China stellt das sogenannte „Taigitu-Zeichen" eines der Ursymbole der Menschheit dar. Die Zweiheit von Licht und Dunkel, männlich und weiblich, oben und unten, kurz gesagt, die Welt der Gegensätze wird hier komprimiert durch ein einfaches Zeichen ausgedrückt. Es stellt den Uranfang der chinesischen Philosophie dar. Besser bekannt ist es auch als „Yin-Yang-Zeichen". Yin steht hierbei für das weibliche Prinzip (der Erde zugehörig) und Yang für das männliche Prinzip (dem Himmel und der Stärke zugehörig). Dieses von einem Kreis umschlossene, in eine helle und eine dunkle Hälfte geteilte Zeichen entstand wahrscheinlich in der späten Shang-Zeit (11. bis 13. Jh. v. Chr.) und hat heute noch nichts von seiner starken Aussagekraft eingebüßt.

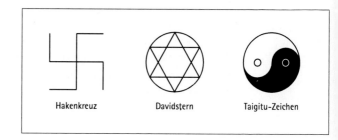

| Hakenkreuz | Davidstern | Taigitu-Zeichen |

Machtvolle Zeichen

Diese drei Beispiele zeigen, welche unbewußte Kraft und Macht von Zeichen auszugehen vermag. Diese Kraft kann sinnvoll genutzt, aber auch mißbraucht werden. Deshalb ist es wichtig, sich diesen Dualismus ständig vor Augen zu halten und als Gestalter zu beachten. Viel zu oft wird die Wirkung von Zeichen bagatellisiert und nicht für ernst genommen.

II DAS LOGO

1 Definition Logo

Zu Beginn unseres neuen Kapitels wollen wir erst einmal versuchen, den Begriff „Logo(s)" zu definieren. Die einschlägige Fachliteratur benutzt meistens den Oberbegriff „Signet" und unterteilt ihn in verschiedene Zeichenarten: Wortzeichen, Bildzeichen, Buchstaben- oder Zahlenzeichen und kombinierte Zeichen. Genaueres hierzu haben wir schon im 1. Kapitel unter 4.4 ausgeführt. „Logo" selbst findet man kaum und wenn, dann nur als umgangsprachliche Kurzbezeichnung für zusammengegossene Silben oder Wörter in Bleisatzschriften.

Laut Lexikon stammt das Wort „logos" aus dem Griechischen und bedeutet soviel wie „Wortbestandteil" oder „Wort/Rede". Näher an unserem Thema ist schon der Begriff „Logographie", was soviel bedeutet wie „Wortschrift" oder „Bilderschrift". Philosophisch betrachtet, wird „logos" als „Rede" oder „Sprache" beschrieben sowie als „Denkinhalt", „der einer Sache innewohnende Sinn" oder „das in den Dingen erkennbare Gesetz". (Bertelsmann: Das moderne Lexikon, Band 11, Gütersloh 1972, S. 232; ferner: Brockhaus in einem Bd., Wiesbaden. 1985, S. 532.) Man könnte „Logo" auch als „sinnvolles Wort" übersetzen, womit der Wortinhalt für unseren Gebrauch am besten erklärt ist. Da alle hier genannten Definitionen jedoch sehr schwammig und in weiterem Sinne auch auf mehrere andere Zeichenarten übertragbar wären, erlauben wir uns noch einige weitere Überlegungen zum Phänomen „Logo". Auf den nun folgenden Seiten werden wir uns mit Inhalt, Form und Funktion von Logos beschäftigen. Doch zuvor soll erst einmal eine eigene Begriffsbestimmung formuliert werden, die uns bei den folgenden Betrachtungen weiterhelfen kann.

1.1 Begriffsbestimmung

> **Logo ist ein alphabetisches oder numerisches oder aus beiden kombiniertes visuelles Erkennungsmerkmal einer Institution.**

Um eine Abgrenzung zwischen Logo und Signet zu schaffen, müssen wir beide noch etwas genauer untersuchen. Ein Signet kann aus Wort-, Zahlen-, Buchstaben-, Bild- und kombinierten Zeichen bestehen. Es deckt damit alle möglichen Zeichenformen ab und kann deshalb als Oberbegriff für das ganze visuell auftretende Zeichenrepertoire verstanden werden. Ein Logo hingegen besteht primär immer aus der „schriftgewordenen" Bezeichnung eines Objektes (Firma, Produkt, Person...) und sekundär eventuell aus grafischen Zusatzkomponenten (Modifikationen an der Schrift, mehrfarbige Wiedergabe, Linien, Typoelemente, Figuren...), die es optisch verstärken und somit als Gesamterscheinungsbild hervortreten lassen. Das heißt, sobald einem institutionellen Erkennungsmerkmal keine alphabetische, numerische oder alphanumerische Zeichenfolge (Schrift) zugeordnet werden kann, dürfen wir nicht mehr von einem Logo sprechen.

SIGNET				
Bild-zeichen	Buchstaben-zeichen	Zahlen-zeichen	Wort-zeichen	Kombiniertes Zeichen
	LOGO			

Abgrenzung von Signet und Logo

Hier wurde bewußt die Bezeichnung „Institution" in der Definition gewählt, da sich die Anwendungsbereiche von Logos nicht nur, wie häufig vermutet, auf Unternehmungen beschränken (siehe erstes Kapitel im Abschnitt 4.4). Deshalb umfaßt der von uns gebrauchte Begriff „Institution" u.a. folgende Bereiche: Dienstleistungs- und Handwerksbetriebe, Produkte, Verlage, Versicherungen, Vereine, Parteien, Behörden, Banken, Veranstaltungen (z.B. Messen, Ausstellungen...), Einzelpersonen, Schulen usw.

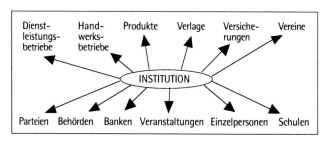

Definition des Begriffs „Institution"

61

Diese breite Palette zeigt schon, in welch vielfältiger Weise das Logo Anwendung finden kann. Des weiteren zeigt sich, daß jede Institution zweckmäßigerweise eine Logo-Kurzbezeichnung haben sollte; zum einen, um die Kommunikation zwischen Expedient (Sender) und Perzipient (Empfänger) zu erleichtern und zum anderen, um sich von anderen Institutionen abzugrenzen. Gemäß einem Zitat von G. B. Shaw: „Ein guter Schlachtruf ist die halbe Schlacht" weise ich auf die Nützlichkeit eines prägnanten, unverwechselbaren Erkennungszeichens hin. Die beste Unternehmenskultur, das beste Produkt verliert an Wert, wenn man es nicht eindeutig seinem Hersteller zuordnen kann. Gerade heute erscheint es wichtig, sich über diese Thematik den Kopf zu zerbrechen.

Man spricht beim Logo auch gerne vom „Gesicht einer Institution". Genauso wie wir uns das Gesicht eines Menschen, stellvertretend für seine ganze Erscheinung, einprägen, trifft dies auch für Institutionen zu. Wir prägen uns oftmals nicht das Gebäude, die Dienstleistung oder das Produkt ein, sondern eher das visuelle Erscheinungsbild, und bevorzugt wiederum die Kurzform, das Logo. Warum das oftmals der Fall ist, wird schnell einleuchten. Viele Firmen treten in der Marktwirtschaft gegeneinander an. Durch die ständige Veränderung in der Bedarfsstruktur der Konsumenten, die kurzen Lebenszyklen der Produkte und den starken Konkurrenzdruck in immer spezialisierteren Märkten bedarf es mehr, als qualitativ hochwertige Produkte herzustellen. Wer heute noch Erfolg im Markt haben möchte, der muß sich mit ständigen Erneuerungen, technischem Fortschritt, Offenheit für neue Trends und letztendlich mit der Imagebildung auseinandersetzen. Es wird einleuchten, daß sich damit sogar bewährte, alteingefahrene Produktionsprogramme und Dienstleistungen irgendwann schnell anpassen müssen. Dadurch verliert der Verbraucher mit der Zeit immer mehr die Übersicht, welches Leistungsangebot zu welcher Institution gehört. Das einzige, was sich jedoch nicht ständig ändert oder zumindest nicht ständig verändert werden sollte, ist das Logo.

1.2 Inhalt

Ein Logo ist dem Inhalt nach eine Kurzinformation einer Institution über ihren Namen und ihre Leistung. Diese Kurzinformation sollte knapp, aussagefähig und blickfangend, sprich prägnant sein, damit sie die im vorigen Kapitel beschriebene Wahrnehmungsschwelle leicht überwindet. Nicht zu vergessen ist die inhaltliche Kongruenz (Übereinstimmung) zwischen internen und externen Auftritten einer Institution und dem dazugehörigen visuellen Leitbild. Ziel sollte es immer sein, den Inhalt eines Logos passend zum gesamten Erscheinungsbild einer Institution zu gestalten. Getreu dem Motto: „Man soll nicht mehr aus sich machen, als man ist", wäre hierbei zu verfahren.

Ein Hersteller von chemischen Reinigungsmitteln, der in seinem Logo einen gesunden Baum in den schönsten Naturfarben darstellt, wird wohl kaum glaubhaft sein und folglich Akzeptanzprobleme beim Publikum und sogar bei seinen Abnehmern bekommen. Die Diskrepanz zwischen der öffentlichen Meinung und der visuellen Ausstrahlung des Logos ist zu groß. Eine solche Diskrepanz sollte tunlichst vermieden werden. Man unterstellt manchmal den Konsumenten, sie seien dumm und gleichgültig. Aber was wird wohl passieren, wenn die Konsumenten erfahren, daß sie für „dumm verkauft" werden sollen? Genau, es wird eine Reaktanz (Trotzreaktion) entstehen. Das Schlimmste, was uns überhaupt passieren kann. Durch die inneren Spannungen, die eben diese Diskrepanz erzeugt, kommt es im schlimmsten Fall zu einer Verweigerung oder gar zu einer Antihaltung gegenüber dieser Institution. Es braucht hier sicherlich nicht ausgemalt zu werden, welche Folgen dies haben kann, geschweige denn, welcher Aufwand nun nötig ist, um die „verheizte" Öffentlichkeit wiederzugewinnen. In den meisten Fällen führt dies früher oder später zur Auflösung der Institution. Ein „versautes" öffentliches Bild kann genauso schwer wie ein Rufmord aus den Köpfen der Menschen getilgt werden. Über dieses Problem sollte man sich als Verantwortlicher einer Institution vollkommen im klaren sein. Nicht immer wird die Diskrepanz zwischen Anspruch und Wirklichkeit so groß sein, man sollte kleinere jedoch nicht weniger ernst nehmen. Sie können sich im Laufe der Jahre genauso

hochschaukeln und eklatanten Schaden anrichten wie
große. Deshalb gilt auch hier das Sprichwort: „Ehrlich
währt am längsten".

1.3 Form

Die äußere Form eines Logos sollte genauso wie der
Inhalt im wesentlichen zum Gesamterscheinungsbild
der Institution passen. Des weiteren ist zu empfehlen,
sich nicht zu weit vom Pfad des Branchentypischen zu
entfernen. Das soll nicht bedeuten, daß branchentypisch mit unkreativ oder uniformem Verhalten
gleichzustellen ist. Aus den im vorigen Kapitel erläu-
terten Gründen erscheint es aber sehr wichtig, auf
ursprüngliche Zeichen einzugehen, die nun einmal in
unserem menschlichen Gehirn gespeichert sind. Dann
kann der Perzipient eine Information, die im Logo
abgelegt wurde, schneller erfassen und leichter verarbeiten. Und das ist auch im Sinne des Expedienten.

Auf die Frage, was eigentlich branchentypisch ist,
kann man nicht immer sofort eine Antwort geben. Es
bedarf meist einer genaueren Analyse. Bei einer erst
neu entstandenen Branche ist es eventuell nützlicher,
nach den Erwartungen der Empfänger zu fragen, als
nach einem ursächlichen Zeichen im Unterbewußtsein
zu forschen.

Man könnte nun meinen, der gestalterische
Spielraum sei eingeschränkt. Daß dem nicht so ist,
soll an einem auf die Logogestaltung übertragbaren
Beispiel erläutert werden. Beim allwöchentlichen
Lottospiel stehen uns 49 verschiedene Zahlen zur
Verfügung. Auf den ersten Blick erscheint es relativ
leicht, aus diesen 49 Zahlen 6 richtige zu bestimmen.
Bei genauerer Betrachtung bemerken wir jedoch, daß
nicht nur 49 Zahlenkombinationen möglich sind,
sondern x-millionenfache. Genauso verhält es sich beim
branchentypischen Gestalten. Nicht die Vorgaben
setzen uns Grenzen, sondern die begrenzte Kreativität.

Ist eine Institution schon relativ bekannt in einem
bestimmten Markt, so erhöht sich automatisch auch
der gestalterische Spielraum. Denn bei Daimler Benz
zum Beispiel kann ich getrost nur den Stern ohne
Firmennamen als Informationsmittel einsetzen. Hier ist
eine solche Markenbekanntheit vorhanden, daß es den
meisten Deutschen leichtfällt, den Stern mit dem

Stuttgarter Autohersteller in Verbindung zu bringen. Ein weiterer wesentlicher Punkt ist die Auffälligkeit eines Logos. Es muß Blicke fangen und in seinen Bann ziehen können. Auf die Frage, wie man dies erreicht, gibt es keine allgemeingültige Antwort. Entscheidend ist wohl, daß es sich durch Originalität von seinen Mitbewerbern abhebt. Was nun als blickfangend in einem Logo dargestellt werden soll, hängt im großen und ganzen von der Art der Institution sowie dessen speziellen Zielen und den Erwartungen der Empfänger ab.

1.3.1 Grundaufbau eines Logos

Grundaufbau eines Logos

Wie wir aus diesem Schaubild erkennen können, benötigt ein wirksames Logo lediglich zwei Hauptelemente: einen Namen und eventuell eine kurz umrissene Leistungsaussage. Als Nebenelemente findet man heute immer häufiger zusätzliche Unterleistungen (Leistungsaufzählungen). Das ist zum Beispiel bei einer Hoch- und Tiefbaufirma eine detaillierte Aufzählung von Einzelleistungen wie Sanierung, Brückenbau, Felsfräsarbeiten, Transportbeton, Erschließungsarbeiten usw. Eine weitere Entwicklung, die eine Institution unverwechselbar machen soll, ist die Identitätsaussage. Sie soll in Form eines kurzen prägnanten Satzes entweder auf emotionale oder auf rationale Weise die „Persönlichkeit" der Institution unterstützen. Emotional wäre zum Beispiel bei einem Bäcker: „Auf

sympathische Art anders" und rational bei einem
Hoch- und Tiefbauer: „Präzision auf allen Ebenen".
Die grafischen Zusatzelemente sowie die zusätzlichen,
differenzierten Leistungsangaben und auch die
Identitätsaussage dienen lediglich der Alleinstellung
gegenüber Mitbewerbern.

Neuerdings kann man vermehrt einen Hang zur
optischen Marktschreierei in der Logogestaltung
beobachten. Modische Trends machen sich auch hier
sehr stark bemerkbar. Viel zu oft begegnet man im
täglichen Leben Logos, die überhaupt keinen Aufschluß
über die dargebotene Leistung geben. Nicht immer ist
aber der Anbieter einer Leistung auch in der Lage,
komplette Informationstexte zusätzlich mit dem Logo
zu kommunizieren, z.B. auf Firmenkleidung, Beschrif-
tungen usw. Das heißt, man muß auch auf begrenztem
Raum in der Lage sein, das Wesentliche zu übermitteln.
Ein Klempner, der lediglich seinen Namen als Logo
nutzt, wird es recht schwer haben, Leute zu erreichen,
die ihn und seine angebotene Leistung in Anspruch
nehmen wollen. Natürlich spielen hier auch noch
andere Faktoren eine Rolle, wie die Mund-zu-Mund-
Propaganda, Geschäftsbeziehungen, Bedarfsstrukturen
usw. Es kann jedoch nie schaden, klar und eindeutig zu
kommunizieren. Deshalb versuchen Sie lieber, ein paar
Minuten länger zu überlegen, um wirklich das wesentliche Merkmal Ihrer Institution zu entdecken. Ob dies
nun ein Gefühl, eine Idee oder eine Leistung ist, spielt
keine Rolle, wichtig ist lediglich, daß der durchschnitt-
liche Betrachter dies in Ihrem Logo auch erkennt.
Ansonsten geraten Sie in Kommunikationsprobleme,
und was dies bedeutet, haben wir ja schon ausgiebig
erläutert.

1.3.2 Namensformen

Wir wollen uns nun noch etwas genauer mit den
einzelnen Elementen des Logos beschäftigen. Fast
immer tritt der Name in den Vordergrund. Er stellt das
wichtigste Merkmal des Logos dar und sollte somit
stärker hervorgehoben werden als die restlichen
Elemente. Name und Leistung sind immer separiert zu
behandeln, da sie beide unterschiedliche Funktionen
erfüllen müssen. Der Name selbst soll durch grafische
Umsetzung leichter merkbar gemacht werden. Nicht zu

vergessen ist die Auffälligkeit, sie soll die Merkbarkeit noch unterstützen. Die Leistung hingegen soll im wesentlichen in kurzer, präziser Weise als Information dienen. Bei Veränderungen im Bereich des Leistungsangebotes einer Institution kann somit die Leistungsaussage ausgetauscht werden, ohne das Gesamtbild zu verändern. Wenden wir uns nun einmal den möglichen Namensalternativen zu.

Namensformen	Beschreibung	Beispiele
Eigenname	stellt meistens den kompletten Namen des Inhabers dar.	Ernst Haug Walter Schöller
Kurzname	stellt meistens nur den Nachnamen eines Inhabers dar.	Müller Meyer
Mehrfachname	tritt meistens bei mehreren Inhabern auf.	Schmidt u. Hohl Klaus & Klaus
Fantasiename	wird meistens verwendet, um noch prägnanter die Marke, die Firma oder die Dienstleistung usw. darzustellen.	Fantasia Galaxis Compuland
Markenname	ist meist ein geschützter, schon etablierter Name, tritt vorwiegend bei Produkten auf.	Coca-Cola Pepsi Mars
Kurzzeichenname	ist meist bei längeren Namen eine Abkürzung, die in alphabetischer, numerischer oder in kombinierter Form auftreten kann.	AEG 47 11 K3

1.3.3 Leistungsformen

Unter Leistung verstehen wir die Zusammenfassung des kompletten Leistungsangebotes, reduziert auf einen oder mehrere Kurzbegriffe. Diese Zugabe darf räumlich mit dem Namen verbunden, jedoch nie gestalterisch von ihm abhängig sein. Da jede Institution verschiedene Leistungen anbietet und jede sich in gewisser Weise von den anderen unterscheiden will, gibt es verschiedene Leistungsformen, die in der Praxis Anwendung finden.

Leistungsformen	Anwendung	Beispiele
Branchenkurzform	meist bei handwerklichen Berufen.	Metzger Pohl Schreinerei Ulla
Leistungskurzform	wenn die angebotene Leistung klar umrissen mit einem Begriff beschrieben werden kann.	RennerPumpen MüllerBedachungen
Unterleistung (Leistungsaufzählung)	wenn eine Institution mehrere verschiedene Einzelleistungen anbietet.	MeyerAutoteile Reparatur
Identitätsaussage oder Slogan (Werbesatz)	wenn dadurch eine bessere Leistungsbeschreibung oder Positionierung erreicht wird. Kann auf emotionale oder rationale Weise erfolgen.	Heller – Würzen mit Esprit Otto – find ich gut

1.3.4 Zusatzzeichenformen

Jedes Logo kann jedoch zusätzlich zu Namen und Leistung noch ein Zusatzzeichen enthalten. Dies kann z.B. daran liegen, daß man vertragsmäßig mit einer bestimmten Institution verbunden ist oder sich wegen der Tradition von einem bereits bestehenden Zeichen nicht trennen kann, da man die bereits erreichte Bekanntheit nun auch auf das neue Logo übertragen möchte usw. Sollte dies der Fall sein, so wird in der Regel das schon vorhandene Zeichen zum Logo gestellt oder in das Logo integriert. Oft ist es auch so, daß die betreffende Institution zusätzlich zu Namen und Leistung noch ein grafisches Zeichen (Bildzeichen) dazustellen möchte. Es ist im Falle eines hohen Bekanntheitsgrades auch separat einsetzbar. Machen wir uns nun mit den möglichen Zusatzzeichenformen vertraut. Eine übersichtliche Zusammenstellung finden Sie auf der nachfolgenden Seite 69.

Zusatzzeichen-formen	Anwendung	Beispiele
Firmenzeichen	wenn zusätzlich zum Namen noch ein Zeichen (Bildzeichen) besteht oder entwickelt wird.	Bosch Mercedes-Benz
Warenzeichen	wenn ein Unternehmen dem Logo noch ein geschütztes Warenzeichen beigibt.	Logo mit zugestelltem Warenzeichen, z.B. Kettler
Verbandszeichen	wenn eine Institution in einer Interessenvereinigung Mitglied ist.	Raiffeisen
Wappen	wenn es sich um eine traditionsreiche oder Tradition vortäuschende Institution handelt.	Gasthöfe Banken

1.4 Funktion

Durch den Wandel vom Verkäufer- zum Käufermarkt (d.h. Angebot größer als Nachfrage), wie etwa im Konsumgütermarkt, und dank qualitativ kaum meßbarer Unterschiede bei den Produkten spielt das Umfeld (Image) einer Institution eine immer entscheidendere Rolle beim Kaufprozeß. Je klarer, eindeutiger und ehrlicher nun ein Vorstellungsbild an den Verbraucher penetriert wird, desto wahrscheinlicher identifiziert er sich mit der Institution. Die Folge daraus wäre nicht nur eine positivere Einstellung gegenüber der Institution, sondern – bedingt durch die Abschwächung der Reaktanzen (Trotzreaktionen) – auch eine höhere Produktverwertung. Da ein bestimmtes Image nicht von heute auf morgen in den Köpfen der Verbraucher verankerbar ist, sollte man sich im voraus darüber im klaren sein, welche Einzelaktivitäten notwendig sind, die gesteckten Ziele zu erreichen.

Welche Rolle spielt nun hierbei das Logo? Es ist ein entscheidender Faktor in der betrieblichen Kommunikation. Die meisten Informationen, die wir heute über eine bestimmte Institution erhalten, kommen nicht mehr wie früher über die verbale, sondern über die visuelle Ebene. Wir sehen dies an den rein visuellen Medien, wie z.B. den Illustrierten, den Tageszeitungen, den Plakaten usw., genauso wie bei den gemischten Medienformen: dem Fernsehen, dem Kino, dem Diavortrag usw. Bei allen Informationsträgern spielt die Visualisierung von Informationen eine wesentliche Rolle. Das gilt auch für nahezu alle

Informationsträger, die zur Kommunikation innerhalb der Institutionen oder zum Informationsaustausch mit der Außenwelt bestimmt sind. Nicht zuletzt deshalb muß das Erscheinungsbild der Institutionen sehr sorgfältig gestaltet werden.

Das Logo ist also ein wichtiges Element in der (betrieblichen) Kommunikation. Es schafft Identität und die visuelle Abgrenzung zu anderen Mitbewerbern. Da der Mensch, wie vorher schon ausgeführt, in Bildern denkt, wird es ihm mit Hilfe des Logos erleichtert, sich Namen einzuprägen. Durch grafische Verfremdung und Herausstellung erreicht das Logo die Funktion eines Signals für den Betrachter. Man sollte jedoch nicht vergessen, daß nicht die rein subjektive Schönheit bei der Logogestaltung entscheidend ist, sondern vielmehr die ästhetische Funktionalität. Allzuoft wird das Logo nur aufgrund subjektiver Einschätzung, wie „das gefällt mir" oder „das wirkt aber bombastisch", bewertet, nicht aber, wie es eigentlich sein sollte, auf Zweckmäßigkeit, drucktechnische oder inhaltsentsprechende Richtigkeit. Wir werden dies noch genauer kennenlernen. Befassen wir uns nun mit den Funktionen, die ein wirksames Logo erfüllen sollte.

LOGO
Soll die Institution intern wie extern repräsentieren und somit ein neues oder ein bereits bestehendes Vorstellungsbild suggerieren.
Soll auf die Persönlichkeit seines Eigentümers und dessen Tätigkeitsbereich hinweisen.
Soll bei einer Neuentwicklung zum bisherigen (falls vorhandenen) Erscheinungsbild passen.
Soll auf sämtlichen visuellen Medien einsetzbar sein, z.B.: Geschäftsdrucksachen (Briefblatt, Visitenkarte usw.), Geschäftsausstattung (Firmenfahrzeug, Gebäude usw.), Werbemittel (Fernsehspot, Anzeige, Plakat usw.).
Soll leicht erkennbar und einprägsam sein, also Signalcharakter aufweisen.
Soll sich von Mitbewerbern klar unterscheiden lassen.

Logofunktionen

An unserem Schaubild läßt sich sehr gut die Vielzahl der zu erfüllenden Aufgaben eines Logos erkennen. Daß man bei der Entwicklung von Logos natürlich auch auf funktionsbeeinflussende Störgrößen treffen kann, erscheint klar. Sie sind es auch, die maßgeblich darüber entscheiden, ob unsere Kommunikationsziele erreicht oder verfehlt werden. Deshalb wollen wir uns jetzt noch ausführlicher mit dieser Thematik auseinandersetzen.

1.4.1 Probleme der Funktionserfüllung

Nach Warren Weaver unterscheidet man in der Kommunikationstheorie drei konkrete Problemfälle, die es in der Praxis zu lösen gilt. (Vgl. Stankowski, A., Duschek, K.: Visuelle Kommunikation: Ein Design Handbuch, Berlin 1989, S. 56.)

1. Das technische Problem bedeutet, wie genau können Zeichen übertragen werden.

2. Das semantische Problem bedeutet, wie genau entsprechen die entwickelten Zeichen der gewünschten Bedeutung.

3. Das Effektivitätsproblem bedeutet, wie effektiv beeinflußt die empfangene Nachricht das Verhalten in gewünschter Weise.

Besser bekannt sind die drei Problemfälle eventuell unter der Terminologie der drei semiotischen Dimensionen von Charles Morris, wie schon zu Beginn des Buches erwähnt.

1. Dimension Syntaktik (Form): beinhaltet die formalen Beziehungen zwischen den Zeichen untereinander. (Entspricht dem 1. Problem nach Warren Weaver.)

2. Dimension Semantik (Inhalt): beinhaltet die Bezeichnung des Zeichens im Vergleich zum Objekt. (Entspricht dem 2. Problem nach Warren Weaver.)

3. Dimension Pragmatik (Funktion): beinhaltet die Beziehung des Zeichens zur Empfängerdisposition. (Entspricht dem 3. Problem nach Warren Weaver.)

Da es hinsichtlich der drei Probleme keine wissenschaftlich fundierten Ursachen-Wirkungs-Prinzipien gibt, also keine ableitbaren Regeln, bleiben uns nur empirisch gewonnene Daten mit Hilfe einiger Testverfahren. Sie sollen ermöglichen, bestimmte Kriterien, die wir vor der Gestaltung festlegen, zu überprüfen. Mit ihrer Hilfe können wir etwas genauer die Wirkung auf den durchschnittlichen Betrachter erfahren. In der Werbewirkungsforschung finden sie schon längst Anwendung. Da diese Testverfahren, wenn sie von speziellen Instituten ausgeführt werden, relativ teuer sind, wollen wir das Prinzip vereinfacht übernehmen. Natürlich entstehen dadurch nur Anhaltspunkte, keine absolut ableitbaren Prognosen. Für den normalen „Hausgebrauch" sind sie aber völlig hinreichend.

1.4.2 Testverfahren

Ob ein Logo seine vorbestimmte Funktion erfüllt, ist meist im voraus schwer zu sagen. Um nicht ganz auf dem Glatteis der Vermutungen herumzuschlittern, versuchen wir anhand einiger Testverfahren, Rückschlüsse über die optische Tauglichkeit eines Logos zu erfahren. Es wird einleuchten, daß sie lediglich einen Anhaltspunkt, nicht jedoch allgemeingültige Aussagen erlauben. Deshalb sind sie auch mit Bedacht und gesundem Menschenverstand zu verwenden.

1.4.2.1 Tachistoskopisches Verfahren

Diese oftmals von Werbungtreibenden als Pretest (Vortest oder Werbeerfolgsprognose) gebrauchte Methode der Werbepsychologie dient zur Ermittlung der Werbewirksamkeit von Werbemitteln. Dabei sind es im wesentlichen zwei Bereiche, deren Struktur das Tachistoskop erfassen kann. Zum einen die optischen Qualitäten eines Logos, eines Werbemittels, einer Anzeige usw. und zum anderen die positiven oder negativen Anmutungsqualitäten, die von dem jeweiligen Untersuchungsobjekt ausgehen. Der Testvorgang sieht dann folgendermaßen aus: Es wird einem Probanden ein bestimmtes Werbemittel (Anzeige, Plakat, Verpackung etc.) mittels eines speziellen Gerätes oder eines Projektors mit verschiedenen Darbietungszeiten (von 1/1000 s, 1/100 s, 1/10 s bis 1 s usw.) auf eine Wand oder einen Bildschirm projiziert. Danach befragt man die Person, welche Elemente sie in der jeweiligen Zeit wahrgenommen hat. Sollte der Proband nach einer Sekunde Darbietungszeit die wesentlichen Elemente eines Werbemittels nicht erkannt haben, so enthält es Gestaltmängel, die man tunlichst beheben sollte.
Fazit: Das Tachistoskop ist in der Regel geeignet, den durchschnittlichen flüchtigen Betrachter eines Werbemittels zu simulieren.

Wir können dieses Verfahren modifiziert auch in einem kleineren Kreis in unserer Praxis einsetzen. Demzufolge präsentieren wir einer Gruppe von willkürlichen oder zielgruppenspezifisch ausgewählten Personen der Reihe nach drei verschiedene Logoentwürfe. Diese Entwürfe werden entweder von Hand oder mittels eines Projektors kurzzeitig präsentiert. Nach jeder derartigen Darbietung erhalten die Probanden eine Liste von Fragen, in denen jeder seine individuellen Eindrücke ankreuzen muß. Die Liste könnte je nach Zielsetzung wie folgt aussehen.

Bitte kreuzen Sie spontan die Ihnen richtig erscheinenden Antworten an!

	Ja	Nein
1. Wirkt das Logo positiv auf Sie?	O	O
2. Gehört das Logo zu einem Handwerksbetrieb?	O	O
3. Gehört das Logo zu einem Dienstleistungsbetrieb?	O	O
4. Empfinden Sie das Logo als „schön"?	O	O
5. Glauben Sie, daß die Institution, die zu diesem Logo gehört, „ehrlich" ist?	O	O
6. Stellt die Institution des Logos Qualitätsware her?	O	O
7. Würden Sie gern einmal in Kontakt mit dieser Institution treten?	O	O

8. Haben Sie sich den Namen der Institution merken können; wenn ja, wie hieß sie?

_____

9. Versuchen Sie doch bitte einmal, in groben Zügen das Logo zu zeichnen!

Fragebogenbeispiel zum Tachistoskopischen Verfahren

Hat nun jeder der Probanden seine Liste ausgefüllt und abgegeben, so können wir uns an die Auswertung machen. Die Fragen beziehen sich auf einen Handwerksbetrieb, deshalb ist die dritte nur eine Kontrollfrage. Sie sind bis auf die beiden letzten mit Ja oder Nein zu beantworten. Bei Frage 9 wollen wir die Merkbarkeit des Logos feststellen, des weiteren die auffälligsten Elemente, die dem Probanden im

Gedächtnis geblieben sind. Angenommen, wir haben nun zehn Probanden, so können wir pro Frage feststellen, wo die Schwächen und Stärken des Logos liegen. Stimmen alle Antworten mit dem gewünschten Profil überein, so haben wir es geschafft, die Zielvorgaben visuell umzusetzen.

Natürlich gibt es keinen allgemein gültigen Fragenkatalog, da sich die Zielsetzungen der einzelnen Institutionen doch erheblich voneinander unterscheiden. Deshalb sollte man die wesentlichen Informationen, die das Logo später übermitteln soll, mit Hilfe eines ähnlich einfachen oder des authentischen tachistoskopischen Tests überprüfen. Wir haben somit ein Mittel zur Hand, das uns etwas genauere Informationen über die Wirkungsweise des Logos auf den Betrachter liefert.

1.4.2.2 Torsionsstereoskopisches Verfahren

Unter Torsion versteht man im allgemeinen die Verdrehung fester Körper durch entgegengesetzt gerichtete Drehmomente. Ausgehend von den Erfahrungen der psychologischen Optik über die sogenannte „gute Gestalt", erfand man für die Werbeforschung ein Gerät namens Torsionsstereoskop, mit dem sich eben diese gute Gestalt untersuchen läßt. Dabei geht man davon aus, daß gestaltete Objekte wie Logos, Verpackungen etc. unterschiedliche Gestaltfestigkeiten aufweisen. Je mehr nun eine Gestaltung äußeren Einflüssen widersteht, desto leichter kann sie ein Betrachter aufnehmen, sich einprägen und über einen längeren Zeitraum hinweg behalten. In der Praxis sieht das nun folgendermaßen aus: Einem Probanden wird auf beide Augen jeweils das gleiche Bild (z.B. Logo) projiziert. Eines der Bilder wird dann so lange um seine Mittelachse gedreht, bis die beiden zuvor kongruenten Bilder zerfallen. Dies bedeutet, daß ein Doppelbild entsteht, das in unserer Wahrnehmung nur schwerlich wieder zu einem Gesamtbild verbunden werden kann. Je größer der Winkel bis zum Zerfall des Bildes ist, desto tauglicher, sprich gestaltfester wäre das Logo.

(Vgl. Sauermann, P. M.: Methodenblatt des INMA-Institutes für Marktforschung GmbH, Stuttgart 1976.)

Für uns ist dieses Verfahren nicht anwendbar, muß korrekterweise jedoch erwähnt werden. Bei Bedarf gibt es einige Marktforschungsinstitute, die mit einem solchen Gerät ausgerüstet sind und Ihnen sicherlich weiterhelfen können.

1.4.2.3 Blickaufzeichnungsverfahren

Ein weiteres apparatives Verfahren ist das sogenannte Blickaufzeichnungsverfahren. Es wird im Englischen auch als „Eye-Mark-Recorder" bezeichnet. Die Methode besteht darin, daß einem Probanden eine Art Brille mit eingebauter Kamera aufgesetzt wird. Die Kamera filmt nun aus der Sicht des Probanden, wie er eine Anzeige, Zeitschrift etc. betrachtet, und überträgt das Bild auf einen Fernsehmonitor. Ein Infrarotlichtstrahl, der auf die Pupille des Auges gerichtet ist, wird teilweise reflektiert und als weißer Punkt oder Kreuz in diesem Monitor dargestellt. Hiermit kann man beobachten, wie der Proband das zu untersuchende Objekt quasi mit den Augen abtastet. Das Ergebnis ist eine „Blickverlaufskurve", die aus Fixationen (Haltepunkten) und Saccaden (ruckartigen Bewegungen des Auges) besteht. Pro Anzeige existieren nur ca. fünf Fixationen. Sie sollen an den wichtigsten Elementen (Headline, Abbildung, Proof, Logo...) des Werbemittels auftreten. Es läßt sich hierbei sehr gut feststellen, ob ein Logo in einem bestimmten Werbemittel überhaupt wahrgenommen wird.

Da dieses technisch äußerst komplexe Verfahren für unsere Zwecke nicht zu simulieren ist, müssen wir bei Bedarf zu einem mit diesem Gerät ausgestatteten Marktforschungsinstitut gehen. Ich möchte jedoch darauf verweisen, daß dieses Verfahren in der Praxis sehr umstritten und von vielen auch als grober Unfug bezeichnet wird. Ein Argument dagegen ist beispielsweise, daß die Informationsverarbeitung nicht zwangsläufig durch Abtasten der Augen sichtbar gemacht werden kann. Man schaut ja manchmal auch gewissermaßen durch Menschen hindurch, ohne daß man sie bewußt wahrnimmt.

1.4.2.4 Recall-Verfahren

Wir bezeichnen dieses Verfahren im Deutschen auch als Wiedererinnerungsverfahren. Wir benötigen hierzu unser eigenes Logo und die Logos verschiedener Mitbewerber. Alle sollten optisch gleich groß abgebildet sein. Es empfiehlt sich, alle Abbildungen auf festen Karton zu kaschieren und sie in einer Mappe nacheinander abzuheften. Gibt es zu viele Mitbewerber, so müssen wir uns die offensichtlich besten (ca. 5 bis 6 Abbildungen) heraussuchen. Nun wählen wir etwa 15 bis 30 Probanden (am besten aus der Zielgruppe) aus, von denen jeder die Mappe ca. 3 bis 5 Minuten zur Betrachtung vorgelegt bekommt. Danach wird gefragt, an welches Logo man sich am besten erinnern könne, wie es aussah, welche besonderen Merkmale aufgefallen seien. Man sollte bei jeder Person die Reihenfolge der Abbildungen verändern und nach der Betrachtung noch etwas Zeit (ca. 5 Minuten) vergehen lassen. Dies gewährleistet, daß nicht immer das letzte Logo behalten wird, sondern wirklich das prägnanteste. Anhand der aufgetretenen Häufigkeiten läßt sich nun eine Rangreihe bilden. Wir erkennen also mit Hilfe dieses Verfahrens, ob wir uns im wettbewerblichen Vergleich von unseren Mitbewerbern abheben können. Als weiterer Punkt läßt sich feststellen, ob und inwieweit unser Logo einen Vorteil in bezug auf die Merkfähigkeit aufweist.

Daß dieses Verfahren sehr labil ist und Rückschlüsse nur in begrenztem Umfang zuläßt, erscheint selbstverständlich. Es hilft aber auf einfache Weise, einen Einblick in den wettbewerblichen Stellenwert des Logos zu erhalten. Meistens wird dieser Punkt bei der Gestaltung nicht berücksichtigt. Deshalb schauen Sie sich vor der Einführung Ihres Logos zuerst Ihre Mitbewerber an. Denn merke: Ein noch so auffälliges Logo kann seine Funktion nicht erfüllen, wenn es noch andere auffällige gibt! Deshalb müssen wir versuchen, von der uniformen Gestaltung der Mitbewerber abzukommen, um eine andere Form zu finden, die sich noch besser und einfacher merken läßt.

Sinnvoll ist dieser Wiedererkennungstest dann, wenn er mit einer geeigneten Zielgruppe durchgeführt wird. Hierbei kann man die Wahrscheinlichkeit eines Gestaltungserfolges wesentlich erhöhen und auch eventuelle Gestaltungsmängel schon im Anfangsstadium beheben.

1.4.2.5 Polaritätenprofil-Verfahren

Bei diesem Verfahren fertigen wir vor der eigentlichen Präsentation eines Logos beim Probanden ein sogenanntes Polaritätenprofil (auch semantisches Differential genannt) auf einem Blatt an. Dieses Verfahren wurde von Osgood in den USA entwickelt und von Hofstätter in Deutschland bekannt gemacht. Dabei soll eine Versuchsperson ein vorgezeigtes Logo oder auch Werbemittel in verschieden vorgegebene Gegensatzpaare einstufen. Die Gegensatzpaare sind durch eine Reihe von Abstufungen gekennzeichnet, die es dem Probanden erleichtern, eine sorgfältige Entscheidung zu treffen. Hierbei werden die für die Institution als relevant erachteten Kriterien (Items) in eine Tabelle eingetragen. Stehen einmal die Items, so legen wir ein eigenes Soll-Polaritätenprofil fest. Das heißt, wir kreuzen in der Tabelle die gewünschten Antworten an, und zwar so, wie wir das zu untersuchende Objekt sehen oder gerne sehen würden, verbinden die Punkte und erhalten das gewünschte Profil, nämlich eine Kurve. Nun müssen wir überprüfen, ob dieses gewünschte Profil auch tatsächlich vom späteren Betrachter so empfunden wird.

Nach der Vorlage des Logos beim Probanden soll dieser seine Meinung über das vorgelegte Logo in ein eigenes Polaritätenprofil eintragen. Dies geschieht durch ein einmaliges Ankreuzen einer Note zwischen 1 = sehr gut und 5 = sehr schlecht eines jeden Itempaares. Nach etwa 15 bis 30 von den Probanden ausgefüllten Polaritätenprofilen läßt sich mit Hilfe des „gewogenen arithmetischen Mittels" ein Ist-Polaritätenprofil abbilden. Im Idealfall sollte nun das Ist-Polaritätenprofil mit dem Soll-Polaritätenprofil kongruent (deckungsgleich) sein. Bei etwaigen Abweichungen können wir nun gezielt das Logo abwandeln.

Das Polaritätenprofil-Verfahren ist gut geeignet, Kriterien für die Imagebildung zu gewinnen. Mit seiner Hilfe läßt sich ein bestimmtes Image genauer aufbauen bzw. überprüfen. Siehe auch die Abbildung auf der nächsten Seite.

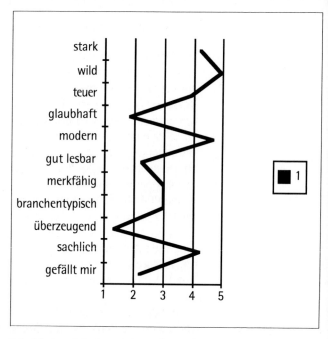

| stark |
| wild |
| teuer |
| glaubhaft |
| modern |
| gut lesbar |
| merkfähig |
| branchentypisch |
| überzeugend |
| sachlich |
| gefällt mir |

1 2 3 4 5

Beispiel eines Polaritätenprofiles (1 = sehr gut, 5 = sehr schlecht)

Nehmen wir nun einmal an, wir haben 30 verschiedene Polaritätenprofile vorliegen. Unsere Aufgabe ist es, eben aus diesen 30 Profilen ein Polaritätenprofil abzuleiten. Wir berechnen dies anhand des „gewogenen arithmetischen Mittels" pro Zeile.

$$\overline{X} = \frac{\sum_{i=1}^{k} x_i \cdot f_i}{\sum_{i=1}^{k} f_i}$$

x_i = Merkmalswerte

f_i = Häufigkeit des Auftretens der Merkmalswerte.

k = Anzahl der Klassen.
Bei nichtklassierten Werten wird k durch die Anzahl n der Werte ersetzt.

Das gewogene arithmetische Mittel

Man geht nun folgendermaßen vor: Nehmen wir einmal an, bei dem ersten Itempaar (gefällt mir/ gefällt mir nicht) hätten zehn Probanden für die Note 1 gestimmt, sieben Probanden für die Note 2, elf Probanden für die Note 3, zwei Probanden für die Note 4 und kein Proband für die Note 5. Die Auswertung für dieses Itempaar sieht dann so aus:

$$\bar{x} = (1 \cdot 10 + 2 \cdot 7 + 3 \cdot 11 + 4 \cdot 2 + 5 \cdot 0) : 30 = \underline{\underline{2{,}17}}$$

Dies bedeutet, daß in unserem endgültigen Polaritätenprofil der Wert 2,17 angekreuzt wird. Er besagt bei diesem Item, daß das gezeigte Logo im Durchschnitt den Betrachtern gut gefällt. Genauso wie an diesem Beispiel müssen wir nun bei jedem folgenden Itempaar verfahren. Hat man alle Punkte in der Tabelle fixiert, so können wir sie verbinden. Wir erhalten somit ein Ist-Polaritätenprofil. Um nun zu sehen, wo und inwieweit sich das Ist-Polaritätenprofil vom Soll-Polaritätenprofil unterscheidet, zeichnen wir auch dieses in dieselbe Tabelle ein. So werden die Abweichungen klar ersichtlich. Jetzt können wir gezielt an der Verbesserung des Logos arbeiten. Das Beispiel eines Polaritätenprofils finden sie auf der Seite 78.

1.5 Gründe für ein Logo

Um nicht immer wieder auf dieselbe Frage: „Wofür brauche ich denn überhaupt ein Logo?" antworten zu müssen, sind im folgenden eine Reihe von Gründen aufgezählt, die auch dem größten Zweifler einleuchten werden. Denn es sind elementare Gründe, die für das Logo sprechen. Sie machen deutlich: Das Logo ist ein wesentlicher Faktor der internen und externen Kommunikation der Institution.

– Das Logo signalisiert die Institution.

– Das Logo hebt die Institution klar und eindeutig von Mitbewerbern ab. Die Institution erhält dadurch ein eindeutiges Profil.

– Das Logo ist für den Betrachter Sinnbild und Bezugspunkt, also das Gesicht einer Institution.

– Das Logo erleichtert und verstärkt die Merkfähigkeit für die Institution bei den Rezipienten.

– Das Logo als „Markenzeichen" erreicht beim Betrachter einen Vertrauensvorschuß und ist für die Imagebildung einer Institution der Grundbaustein.

- Das Logo unterstützt die interne und externe Kommunikation.

- Das Logo stellt die Grundlage jedes werblichen Auftrittes dar. Es ist die Basis für alle visuellen Werbemaßnahmen.

2 Corporate Identity

Schon immer war es ein Grundbedürfnis des Menschen, Dinge so einfach und logisch wie möglich zu machen. Durch die breite Leistungs- und Produktvielfalt und das ständig wachsende Überangebot an Produkten, die kaum noch qualitative Unterschiede aufweisen, mußte man sich zwangsläufig noch etwas anderes als den obligatorischen Produktnutzen einfallen lassen. Ein Image mußte zusätzlich geschaffen werden. Und dies vor allem darum, weil sich die meisten Menschen heute nicht nur ein Produkt des Bedarfs wegen kaufen, sondern gleichzeitig noch einen Status erwerben wollen, der in den zwischenmenschlichen Beziehungen von Nutzen ist. Das Corporate Identity wurde geschaffen.

Im Prinzip ist das Corporate Identity also aus einem Zwang heraus geboren worden. Corporate Identity ist eigentlich dem Inhalt nach nichts Neues, sondern lediglich ein neues Wort für eine ganz natürliche Verhaltensweise. Seit Menschengedenken gibt es Persönlichkeiten, also Menschen mit Ausstrahlung und einem eindeutigen Erscheinungsbild. Bewußt wurden von ihnen die geeigneten Instrumente zur Imagebildung eingesetzt. Auch in anderen Bereichen, zum Beispiel bei den Rittern im Spätmittelalter, bei den Armeen, bei den Polizisten und auch bei den Schauspielern finden wir Anzeichen einer ausgeprägten Identität. Ob in der Politik, Wirtschaft oder Kultur, das Streben nach einem sympathischen, eigenständigen Erscheinungsbild von sich selbst war und ist überall zu finden.

2.1 Überblick

Unter Corporate Identity (kurz: CI) versteht man im allgemeinen „die Darstellung des Unternehmens durch Kultur, Kommunikation und Design gegenüber Mitarbeitern, Kunden und Öffentlichkeit. Das Ergebnis der Wirkung von Corporate Identity ist das Corporate Image." (Pesch, J.: Grundzüge des Marketing, München 1988, S. 25.)

Vorweg sei darauf verwiesen, daß in dieser wie in den meisten Definitionen noch die Bezeichnung „Unternehmen" verwendet wird (wahrscheinlich aus der wörtlichen Übersetzung des englischen „Corporate" = Unternehmen), die nicht ganz zutreffend ist. Da CI oder ähnliche Bezeichnungen aus der Literatur, wie z.b. Unternehmenspersönlichkeit bei Birkigt/Stadler oder Unternehmensleitbild, Unternehmensgrundsätze, Unternehmensgrundordnung (Wöhe), sich bei genauerer betriebswirtschaftlicher Begriffsdefinition nur auf Betriebe des gewinnorientierten Prinzips beziehen, verwenden wir hier lieber den allgemeiner gefaßten Begriff Institution (siehe auch zweites Kapitel, Abschnitt 1.1). Bei genauerer Betrachtung wird man schnell erkennen, daß nicht nur Betriebe, sondern auch Institutionen wie Schulen, Behörden, Verbände, Kirchen usw. sich des Corporate-Identity-Prinzips bedienen. Auch Unger faßt den Begriff weiter, indem er von Unternehmung und Organisation spricht. (Vgl. Unger, F.: Werbemanagement, Heidelberg 1989, S. 58.)

Außenstehenden und auch Angestellten einer Institution bereitet es oft Schwierigkeiten, eben diese Institution richtig einzuschätzen, meist wegen fehlender Informationen. Um diesem Problem entgegenzutreten und die aufkommenden Fragen wie: „Welche Leistungen bietet die Institution X an?", „Wie engagiert sich die Institution X im Umweltschutz?", „Wie tritt die Institution X in der Öffentlichkeit auf?", „Wie sieht das Erkennungszeichen der Institution X aus?", „Was tut die Institution X für ihre Mitarbeiter, welchen Nutzen haben sie?" zu beantworten, entwickelte man drei wirksame Instrumente: Corporate Design, Corporate Communication und Corporate Culture.

Die Grundlage, auf der das ganze System aufbaut, stellt die „Philosophie" (Statement of Philosophie) einer bestimmten Institution dar. In ihr sollten die Ziele der Institution, wie führungsmäßige, soziale oder marktpolitische, beschrieben sein. Als weiterer Punkt ist noch der Charakter der Institution, ob traditionsreich, international bekannt, innovationsorientiert sowie die Bedeutung für die Umwelt, den Umweltschutz und die inländische Wirtschaft, ob devisenbringend, exportorientiert, vorbildlicher Arbeitgeber, zu erwähnen. Der Sinn besteht auf jeden Fall darin, die in der Philosophie festgeschriebenen Ziele in Einzelmaßnahmen zu zerlegen und sie mit Hilfe der drei Instrumente Corporate Design, Corporate Communication und Corporate Culture so an den Rezipienten zu übermitteln, daß sich die Philosophie in eine reale Identität verwandelt. Man erreicht somit eine eindeutige Position in einem bestimmten Gesamtmarkt. Indirekt verspricht man sich hiervon eine bessere Absatzchance nach dem abgewandelten Sprichwort: „Was der Bauer kennt, das ißt er auch!" Wir sehen dies ebenfalls in unseren zwischenmenschlichen Beziehungen. Wir vertrauen doch im wesentlichen nur demjenigen, bei dem Übereinstimmung besteht in dem, was er sagt, wie er handelt und wie er auftritt. Mit Hilfe eines Polaritätenprofiles (semantisches Differential) lassen sich die erstrebten Imageziele bei den Rezipienten überprüfen. Eventuelle Soll-Ist-Abweichungen lassen sich somit rechtzeitig durch Optimierungs- oder Anpassungsmaßnahmen beheben. Wie bereits erwähnt, sollten bei der Analyse im Idealfall Philosophie und Corporate Image übereinstimmen.

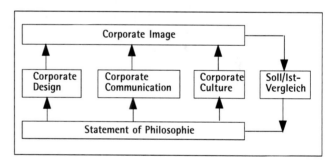

Corporate Identity Wirkungsmodell

2.2 Corporate Design

Unter Corporate Design (CD) versteht man die Schaffung eines bestimmten einheitlichen Gesamterscheinungsbildes für eine Institution. Hierbei soll ein Gestaltungsraster entwickelt werden, das auf sämtliche Werbeelemente, wie zum Beispiel Haus, Fahrzeuge, Verpackungen, Messestände, Geschäftspapiere usw., übertragbar ist, das also eine visuelle Leitlinie darstellt, die es dem Betrachter erleichtert, sofort eine bestimmte

Institution wiederzuerkennen. Das wesentlichste Merkmal, welches bei allen visuell-kommunikativen Auftritten zugegen sein sollte, ist sicherlich das Logo. Die Darstellungsform entscheidet hierbei maßgeblich über den ersten Eindruck und somit über die angestrebte Akzeptanz. Es leuchtet ein, daß sich das CD an den genau definierten Zielen einer Institution orientieren muß, um keine Diskrepanzen (Widersprüche) zu erzeugen. Ein weiteres Problem stellt die tägliche Reizüberflutung dar. Da von 100% dargebotenen Informationen nach Kroeber-Riel lediglich 1-2% wahrgenommen werden können, muß dem wirkungsvollen Corporate Design ein kompaktes, klares und fundiertes Konzept zugrunde liegen. Dies wird in der Praxis leider allzu oft nicht beachtet. Heute sollten imagebewußte Institutionen wirklich nicht mehr mit der Einstellung zu einem Grafiker gehen, „der wird das schon machen". Der ständige Wechsel von Grafikern kann genauso tödlich sein. Es gehört schon etwas mehr dazu, als verschiedene kreative Spitzenleistungen von verschiedenen Grafikern zu bündeln. Ein fundiertes Konzept, das ausbaufähig ist und mit den kompletten internen wie externen Auftritten zusammenpaßt, ist unabdingbar. Nur so erreichen wir in einer reizüberfluteten Medienwelt eine einigermaßen klare Linie, die es dem Rezipienten erleichtert, die aufgenommenen Informationen eindeutig der betreffenden Institution zuzuordnen.

2.3 Corporate Communication

Jede Institution ist in irgendeiner Weise mit der Umwelt verbunden. Zwangsläufig entsteht dadurch eine gewollte oder ungewollte Kommunikation. Die Aufgabe der Corporate Communication ist es nun, diese nach außen auftretende Kommunikation mittels gesteuerter Auftritte, wie z.B. durch Pressekontakte, PR-Aktionen, Verkaufsförderungsmaßnahmen, Betriebsführungen, Serviceleistungen, Imageanzeigen usw., so zu lenken, daß sie der Philosophie dieser Institution entspricht. Mit Hilfe der Institutionsphilosophie werden Einzelmaßnahmen so geordnet, daß ein operationales (durchführbares) Konzept entsteht. Es sollen dabei prägnante Auftritts-, Verhaltens- und Ausdrucksformen entwickelt werden, die die Institution zu dem gewünschten Corporate Image hinführen. Angesichts der hoffnungslosen Informationsüberlastung unserer Gesellschaft wird es einleuchten, daß wir uns noch verständlicher, einfacher und unverwechselbarer mitteilen müssen, um überhaupt eine Abgrenzung von den Mitbewerbern zu erreichen. Als Grundlage sollten alle relevanten Personen, die für die Entwicklung des Corporate Images verantwortlich sind, wie Entscheidungsträger in Geschäftsleitung, Entwurf, Verkauf usw., in die Corporate Communication einbezogen werden. Grundlage ist hierbei natürlich die von der Leitung definierte Zielsetzung.

2.4 Corporate Culture

Die Corporate Culture, oft auch Corporate Behaviour genannt, stellt den eigentlichen Kern einer jeden Institution dar. Mit ihrer Hilfe soll eine Art Persönlichkeit entstehen, die vor allem nach „innen" wirkt. Durch Wertstrukturierungen, Normen und die Möglichkeit zur individuellen Entfaltung sollen Mitarbeiter an die Institution gebunden werden. Man versucht so u.a., eine gewisse Abhängigkeit des Arbeitnehmers von der Institution zu erzeugen. Die Mittel, die hierbei zur Verfügung stehen, können vielseitig sein: Führungsstil, freiwillige Sozialleistungen, Aufstiegschancen, Weiterbildungsmaßnahmen, Mitarbeiterzeitung, Firmenwagen, Betriebssport usw. Sie sollten sich in der Regel vorsichtig dem Zeitgeist anpassen. Es entsteht eine motivierende Identifikation der Mitarbeiter mit der Institution und eine daraus resultierende größere Leistungsbereitschaft. Durch das Gefühl, einem Team, einer Art Familie anzugehören, entsteht ein bedeutend schlagkräftigeres Marktauftreten der gesamten Institution. Sie kann sich dann vornehmlich den Problemen der äußeren Kommunikation widmen und muß nicht einen andauernden Kampf mit sich selbst führen, wobei sie schon wichtige Energie im Vorfeld verliert. Man sollte nie vergessen, daß die Mitarbeiter wesentlich dazu beitragen, wie eine Institution im Umfeld angesehen wird. Die Einstellungen und Meinungen, die von ihnen kommuniziert werden, dürfen nicht unterschätzt werden. Deshalb sollte es jeder Geschäftsleitung bewußt sein, daß ohne den aktiven Einsatz der Corporate Culture kein positives Corporate Image entstehen kann.

2.5 Stellung des Logos im Corporate Identity

Häufig beginnt man bei der Entwicklung eines CI-Konzeptes mit dem Corporate Design. Ohne die visuelle Umsetzung einer klaren Leitlinie, auf der die weiteren internen und externen Aktivitäten aufbauen, wird kaum eine Institution in einem bestimmten Markt Überlebenschancen haben. Das frühere „Laß-das-mal-den-Grafiker-Machen", wäre heute ohne ein durchdachtes Konzept existenzbedrohend.

Wenn man bedenkt, daß es trotzdem immer noch Firmen ohne einheitliches Erscheinungsbild gibt, dann sieht man, welch relativ geringen Einfluß werbepsychologische Erkenntnisse im Moment noch auf die Praxis haben. Nach einer Studie der Londoner CI-Consultants Henrion, Ludlow & Schmidt im Jahre 1991, die 225 europäische Manager nach ihrem CI-Verständnis befragten, waren enttäuschenderweise schlechte Ergebnisse zustandegekommen. Zwar war diese Studie nicht unbedingt repräsentativ, jedoch spiegelte sie in weitestem Sinne die damalige Lage des allgemeinen CI-Verständnisses bei den Anwendern wider. Die befragten CI-Macher in den Unternehmen hatten von Land zu Land völlig unterschiedliche Auffassungen zur Bedeutung von CI-Aspekten. In Deutschland maß man der Unternehmenskultur mit 58 % die größte Bedeutung bei. Im Prinzip stellt sie auch in den anderen Ländern den wesentlichsten Aspekt dar. Ausgenommen hierbei sind Frankreich und Belgien, sie messen der internen Kommunikation einen höheren Stellenwert bei. Die restlichen Faktoren, wie interne Kommunikation, Marketingkommunikation, Logotypen und Symbole, Corporate Design und Unternehmenswerbung, spielen in Deutschland laut dieser Untersuchung nur eine sehr bescheidene Rolle. Dies sollte doch etwas nachdenklich stimmen.

Interessant erscheint auch, wie denn der Begriff Corporate Identity überhaupt verstanden wird. Die mit 74% am meisten genannte Definition bezog sich auf externes Image, Profil in der Öffentlichkeit und Wiedererkennbarkeit. 24 % definierten Corporate Identity als grafische Darstellung und Design. Hierbei stellt sich natürlich die Frage, wie denn Wiedererkennbarkeit machbar sein soll, wenn nicht über den visuellen Bereich. Dies scheint jedoch den meisten

Managern etc. noch nicht so ganz bewußt geworden zu sein. Weitere Definitionen waren noch Kultur und Werte mit 22 %. Man kann daraus ableiten, daß es kein einheitliches CI-Verständnis unter den „Machern" gibt. (Vgl. N.N.: W&V Nr. 48, München 1991, S. 24–26.)

Sie werden jetzt vielleicht denken: „Solange eine bestimmte Institution auch ohne ein durchgestyltes Erscheinungsbild, interne und externe Öffentlichkeitsarbeit, erfolgreich ist, so lange kann sie sich diesen Aufwand doch sparen!" Ist das Ihre Meinung, so sollten Sie jedoch bedenken, daß nichts von Bestand ist. Da unsere Märkte größtenteils schon gesättigt sind, wird es auch für scheinbar krisensichere Leistungen irgendwann einen Nachfrageabfall geben. Wenn man dann erst eine CI-Initiative einleitet, kann es schon zu spät sein. Daß die Instrumente, die uns das CI zur Verfügung stellt, nicht über Nacht einen Erfolg zeitigen, wird einleuchten. Ein gewünschtes Image entsteht erst über Jahre und dann auch nur bei permanenter Überwachung und Bearbeitung des Marktes.

Im großen und ganzen muß man leider feststellen, daß das Logo und wohl auch das gesamte Corporate Design bei uns noch nicht den Stellenwert erreicht haben, den sie eigentlich verdient hätten.

2.6 Das Struktogramm

Vielen Unternehmen, vorwiegend kleineren und mittelständischen, geht es bei der Konsultation einer Corporate-Identity-Agentur darum zu wissen, ob die oftmals teuer erkaufte Leistung wirklich den gewünschten Erfolg bringt.

Auf die Frage, ob denn eine Identität überhaupt meßbar ist, versuchte die Hirnforschung eine Antwort zu finden. Mit Hilfe des Struktogrammes scheint es ihr gelungen zu sein. Man geht davon aus, daß sich eine Corporate Identity im Gehirn des Empfängers zu einem „Bild" verdichtet. Dabei sprechen unterschiedliche Reize im wesentlichen drei unterschiedliche Gehirnbereiche an. Unterbewußt wirkende Signale werden im Stammhirnbereich (Reptilienhirn), emotionale im Zwischenhirnbereich (limbisches System) und rationale Signale im Großhirnbereich (Neocortex) verarbeitet. Wir haben diese drei Gehirnteile schon im ersten Kapitel unter Abschnitt 6.1 „Entwicklung des Gehirns" erläutert.

Wenn nun jemand mit den verschiedenen Reizen konfrontiert wird, die von einer Institution ausgesendet werden, z.B. in Form von Werbung, Presseauftritten, Qualität der Produktlinie usw., bildet sich durch das Zusammenspiel der drei Gehirnbereiche eine Art Persönlichkeitsprofil von der bestimmten Institution ab. Je nachdem, wie intensiv nun die einzelnen Hirnbereiche angesprochen werden, entstehen unterschiedliche Vorstellungs- und Meinungsbilder bei den Empfängern. Man ist nun in der Hirnforschung so weit, daß man durch bestimmte Fragen feststellen kann, welcher Gehirnbereich von welchem Reiz aktiviert wurde. Mittels eines Kreisdiagramms lassen sich damit die jeweiligen Anteile grafisch darstellen. Eine solche Darstellung bezeichnet man dann als Struktogramm oder Biostruktur–Analyse eines Unternehmens. Es stehen den Marktforschungsinstituten, die eine solche Untersuchung durchführen, speziell für diese Thematik entwickelte Fragebögen und Polaritätenprofile zur Verfügung.

Man stellte bei der Untersuchung mehrerer Struktogramme von unterschiedlichen Firmen fest, daß erfolgreiche Firmen meist einen Hirnbereich dominierender ansprachen als die anderen. Das bedeutet also, man sollte möglichst auf eine Art entweder das Unterbewußte ansprechen oder aber über einen anderen Weg emotional oder rational einwirken. Im wesentlichen hilft uns also das Struktogramm beim Erkennen des Ist-Zustandes, und zum anderen läßt es die Möglichkeit zu, gezielt in die Identitätsbildung einzugreifen. Damit wird die Veränderung oder Verstärkung der Identität ein Stückchen sicherer und besser prognostizierbar. Des weiteren kann man hiermit noch genauer eine bestimmte Zielgruppe einer bestimmten Institution analysieren. (Vgl. Schirm, R. W., in: Birkigt, K., Stadler, M. M.: Corporate Identity, Landsberg Lech 1986, S. 235-244.)

Das folgende Beispiel bezieht sich zwar auf keine bestimmte Institution, ist aber dennoch typisch. Im ersten Struktogramm erkennen wir eine starke Ansprache des Zwischenhirns; also wurde mehr auf emotionale Weise kommuniziert. Auch das Stammhirn ist mit seinem unterbewußt wirkenden Anteil stärker als das Großhirn vertreten. Dieses Struktogramm könnte

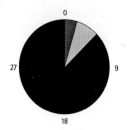

27 — 0 — 9

18

■ Großhirn
▨ Stammhirn
☐ Zwischenhirn

für einen Luxusartikelhersteller stehen, der im Prinzip keine rationalen Gründe für den Kauf seiner Ware angeben kann. Er muß eben durch emotionalen, also gefühlsmäßigen Auftritt seine Produkte im Markt anbieten. Für einen auf technische Leistungen orientierten Betrieb, wie beispielsweise einen Schraubenhersteller, könnte das zweite Struktogramm zutreffen. Hierbei gibt es eindeutige rationale Gründe, die zum Kauf dieser Ware reizen. Er wäre wahrscheinlich unglaubwürdig, würde er seine Werbung auf emotionale Weise betreiben. Natürlich kann man nun nicht allgemeingültig empfehlen, daß eine auf technische Leistungen fixierte Firma eher sachlich rational auftreten soll. Es kommt im wesentlichen auf die Produktpalette, aber auch auf die Erwartungen der Zielgruppe, die Persönlichkeit des Unternehmers usw. an.

3 Gestalterische Grundlagen

Nun werden wir uns mit der vielleicht schönsten, jedoch auch subjektivsten Arbeit, dem Gestalten, beschäftigen. Daß es hierbei häufig zu heftigen, unfruchtbaren Streitereien kommen kann, ist meist auf Inkompetenz, sprich mangelndes fachliches Wissen und Können der Beteiligten zurückzuführen.

Wie oft kann man sich in Agenturen die schon traditionsreichen Streitgespräche zwischen Grafikern und Kontaktern anhören, die manchmal richtiggehend gehässig werden. Ein Schmunzeln überkommt den Autor spätestens dann, wenn eine der besagten handelnden Personen plötzlich anfängt, sich in die Zielgruppe zu versetzen. Quasi vorausblickend wie ein Hellseher, will er seinem Gegenüber dann klarmachen, was denn die besagte Zielgruppe beim Anblick dieses Entwurfes empfinden muß. Unschöne Situationen wie diese können wir täglich in diversen Agenturen oder Werbeabteilungen beobachten. Anstatt sich den Mund fusselig zu reden, wären die Kontrahenten besser beraten, sich zusammenzusetzen, um gemeinsam ein für beide akzeptables Konzept zu erstellen. Denn in der Grafik ist es, vielleicht auch zum Glück, so, daß es ein „richtiges" Konzept nicht gibt, sondern nur viele „richtige" Konzepte. Warum dies so ist, läßt sich schnell erklären: Jeder Mensch unterliegt seinem individuellen Geschmack. Dieser kann natürlich vom gesellschaftlichen Umfeld und von speziellen Einflüssen, wie zum Beispiel Modeerscheinungen, Trends, wirtschaftlichen Gegebenheiten, geprägt sein, jedoch bleibt jeder Mensch ein individueller Reizempfänger. Genauso wie die Menschen unterschiedlich auf Schmerz reagieren, empfinden sie auch bei Farben und Formen individuell verschieden. Deshalb kann über die Wirkung von Gestaltungen, die den rein formalen Charakter verlassen, nur gemutmaßt werden. Man begibt sich also in ein Niemandsland subjektiver Einschätzungen, sobald man in den kreativen Bereich kommt.

Und hier nun möchte der Autor mit einem Angebot an gestalterischem Grundlagenwissen einklinken. Es soll einen Einblick in das Umfeld der Logogestaltung und die formalen Gegebenheiten ermöglichen. Gestaltern und Kontaktern wird dadurch ein solides Fundament für die Analyse in die Hand gegeben.

Vorweg wollen wir uns jedoch noch mit den Einsatzgebieten von Logos näher befassen. Hierzu schauen wir die folgende Abbildung an. Wir sehen, daß ein Logo auf vielen unterschiedlichen Trägern einsetzbar sein muß. Zwangsläufig ergeben sich hierbei gestalterische Einschränkungen, die bekannt sein sollten, um nachher nicht das bekannte „blaue Wunder" zu erleben.

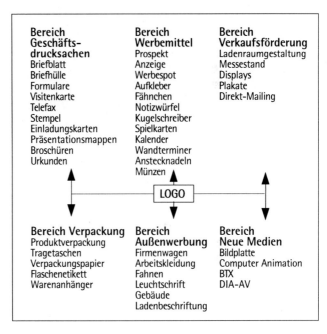

Einsatzgebiete von Logos

3.1 Typografie

Unter Typografie verstehen wir das Gestalten von und mit Schriften. (Vgl. Pflaum, D., Bäuerle, F.: Lexikon der Werbung, Landsberg am Lech 1988, S. 378.) Aufgabe der Typografie ist es vor allem, eine Information so zu übermitteln, daß sie leicht gelesen werden kann. Durch die Raumordnung und die Raumnutzung, sprich Flächenteilung, werden die Texte sinngemäß gegliedert und nach ästhetischen Gesichtspunkten gruppiert. Dies wird noch unterstützt durch den Einsatz einfacher typografischer Hilfsmittel wie zum Beispiel Linien, Balken, Flächen, Raster. Schon seit 1964 werden die Schriften nach DIN 16 518 in elf Gruppen unterteilt:

Gruppe	Bezeichnung	Entstehung	Heutige Satzschriften
I	Venezianische Renaissance-Antiqua	14.-16. Jh.	Bembo, Centaur, Traianus

Herbstkonzert des Musikvereins

II	Französische Renaissance-Antiqua	14.-16. Jh.	Garamond, Palatino

Sven Hedins bedeutendes Buch

III	Barock-Antiqua	1680-1800	Baskerville, Times

Johann Wolfgang von Goethe

IV	Klassizistische Antiqua	1750-1850	Bodoni, Walbaum

Eine große Anzahl von Bildern

V	Serifenbetonte Linear-Antiqua	19. Jh.	Egyptienne, Memphis

des Tauernkraftwerks Kaprun

VI	Serifenlose Linear-Antiqua	19. Jh.	Helvetica, Univers, Futura

Reiseberichte aus Amerika

VII	Antiqua-Varianten	ab etwa 1900	Stahl, Optima

SINFONIEN VON HAYDN

VIII	Schreibschriften	ab Anfang 17. Jh.	Palette, Engl. Schreibschrift

Ernst macht das Leben zur Ewigkeit

IX	Handschriftliche Antiqua	ab etwa 1900	Papageno, Post

Die Großmut muß eine beständige

X	Gebrochene Schriften	ab etwa 1440	

Untergruppe a: Gotisch, z.B. Wilhelm-Klingspor-Schrift, Element
Untergruppe b: Rundgotisch, z.B. Wallau, Weiß-Rundgotisch
Untergruppe c: Schwabacher, z.B. Alte Schwabacher, Renata
Untergruppe d: Fraktur, z.B. Frühling, Unger-Fraktur, Zentenar-Fraktur
Untergruppe e: Fraktur-Varianten, z.B. Claudius, Rhapsodie

Porträt Handel Riemen Brand Holz

XI	Fremde Schriften		

Ein paar Beispiele zu den einzelnen Schriftgruppen:

Gruppe 2   Französische Renaissance-Antiqua
ABCDEFGHIJKLMNOPQRSTUVWXYZ
abcdefghijklmnopqrstuvwxyz
1234567890

Gruppe 3   Barock-Antiqua
ABCDEFGHIJKLMNOPQRSTUVWXYZ
abcdefghijklmnopqrstuvwxyz
1234567890

Gruppe 4   Klassizistische Antiqua
ABCDEFGHIJKLMNOPQRSTUVWXYZ
abcdefghijklmnopqrstuvwxyz
1234567890

Gruppe 5   Serifenbetonte Linear-Antiqua
ABCDEFGHIJKLMNOPQRSTUVWXYZ
abcdefghijklmnopqrstuvwxyz
1234567890

Gruppe 6   Serifenlose Linear-Antiqua
ABCDEFGHIJKLMNOPQRSTUVWXYZ
abcdefghijklmnopqrstuvwxyz
1234567890

Gruppe 7   Antiqua-Varianten
ABCDEFGHIJKLMNOPQRSTUVWXYZ
abcdefghijklmnopqrstuvwxyz
1234567890

Gruppe 8   Schreibschriften
ABCDEFGHIJKLMNOPQRSTUVWXYZ
abcdefghijklmnopqrstuvwxyz
1234567890

Wie wir an den Schriftbeispielen erkennen können, hat jede Epoche auch einen bestimmten Stil im Schriftbild entwickelt. Wie in der Architektur, so gab und gibt es auch in der Schrift bestimmte Regeln, die in den jeweiligen Epochen zur Anwendung kamen. Das bedeutet, daß sich auch jede Epoche in einer bestimmten Schriftform widerspiegelt. An der Grundgestalt verändert sich dadurch nichts, nur die äußere Form wird modifiziert. Es könnte sich jetzt die Frage aufdrängen, was eigentlich die Schriftveränderung ausmacht. Vergleichen wir es mit dem Leben eines Menschen. Jeder Mensch durchläuft in seinem Leben verschiedene Phasen, die seine Interessenlage, seine Einstellungen und seine Gewohnheiten beeinflussen. Für jede Phase seines Reifeprozesses ändert sich somit auch gleichzeitig die Art, wie er sich mitteilt, d. h. er geht in jungen Jahren anders mit der Sprache um als im Alter, er sucht sich Ideale, deren äußere optische Form oder geistigen Inhalte er kopieren kann. Gesellschaftliche und familiäre Normen bestimmen außerdem seinen Lebensweg. Genauso verhält es sich bei der Schrift. Hier sind es die stilistischen Abwandlungen, die eine Schriftgruppe beschreiben. Sie sind nur nicht so beiläufig und wechseln in der Regel nicht so rasch wie das menschliche Verhalten. Jedenfalls galt dies bis vor ein paar Jahren noch. Heute stehen wir – bedingt durch Fotosatz und Computer Publishing, vor einem unübersehbaren Schriftenangebot. Der Vorteil einer solch immensen Schriftenvielfalt ist jedoch, daß man gezielt eine passende Schrift finden kann, die mit dem Inhalt harmoniert. Es können somit nicht nur rein formal Informationen übertragen werden, sondern durch Berücksichtigung der Anmutung einer jeden Schrift auch emotional Verstärkungen zum Inhalt aufgebaut werden.

Im groben wird oftmals nur nach folgenden Kriterien unterschieden: nach Fraktur (Bezeichnung einer gebrochenen Schrift) oder Antiqua (Bezeichnung für eine runde Schrift) sowie nach Schrift mit Serifen (Anstriche am Anfang und Abstriche am Ende eines Buchstabens) und serifenloser Schrift. Des weiteren kann man noch nach Schreibschriften für Headlines und Auszeichnungen (Hervorhebungen) sowie Leseschriften für längere Texte unterscheiden.

Jede Schrift hat auf den Betrachter eine andere Wirkung. Das heißt, sie kann der bloßen Informationsübermittlung dienen oder aber – was immer anzustreben ist – die Aussage durch ihre charakteristische Form, also Anmutung, unterstützen. Wichtig ist, daß man nicht entgegen der Aussage des Inhaltes eine Schriftart wählt. Beispielsweise wäre es unsinnig, für einen technischen Artikel in einer Zeitschrift eine Handschriftliche Antiqua zu benützen. Die „Optik" darf nicht dem Inhalt entgegenwirken.

Die Typografen verwenden traditionell eine eigene Fachsprache, von welcher Sie sich einige Termini, die in der Praxis häufig vorkommen, einprägen sollten.

Bezeichnung	Bedeutung
Ausgleichen	Vergrößern oder Verringern der Buchstabenabstände je nach Fleisch, um optisch gleich wirkende Abstände zu erzielen.
Divis	Trennungsstrich für die Silbentrennung oder Bindestrich im Gegensatz zum längeren Gedankenstrich.
Duktus	Schriftcharakter
Durchschuß	Zeilenabstand
Einzug	Eingerückte Anfangszeile am Beginn eines Absatzes.
Fleisch	Nichtdruckende Fläche, die das Buchstabenbild umgibt, auch Vor- und Nachbreite genannt.
Gemeine	Kleinbuchstaben
Initial	Großer Anfangsbuchstabe, vor allem am Kapitelanfang.
Kapitälchen	Versalbuchstaben auf Mittellänge: KAPITÄLCHEN.
Kursiv	Schrägstellung der Buchstaben: *kursiv.*
Laufweite	Buchstabenabstand (weit, normal, eng)
Legende	Bildunterschrift oder Erklärung einer Grafik, ebenfalls gebraucht als Erläuterung oder Benutzerhinweis für kartografische Werke.
Leiche	Beim Setzen ausgelassenes Wort oder vergessener Satz.
Ligaturen	Buchstabenkombinationen, um ein formästhetisch besseres Satzbild zu ermöglichen (z.B. ff, fl, ft usw.).
Marginalien	In einer schmalen Spalte am Außensteg einer Buchseite in wenigen Worten zusammengefaßte Anmerkung zum Text.
Satzspiegel	Bedruckte Fläche einer Seite mit Text und Bildern.
Schriftfamilie	Schnitte von derselben Schriftart (z.B. mager, normal, halbfett, fett, kursiv, schmal, breit...).

Schrift-garnitur	Schriftgrößen, die von einer Schriftart zur Verfügung stehen (z.B. 4, 5, 6, 7, 8, 9, 10, 12 usw. Punkt (p), Point (pt) oder mm).
Serifen	Kleine „Füßchen", die am Anfang und Ende der senkrechten oder schrägen Linien einer Schrift stehen.
Sperren	Buchstabenabstand vergrößern (bedeutet Buchstaben gleichmäßig voneinander trennen): Spationieren.
Unter-schneiden	(Kerning) Zusammenrücken von Buchstaben, um optisch ausgeglichener zu wirken (z.B. Ve statt Ve).
Versalien	Großbuchstaben

Die Fläche, in der eine Schrift steht, wird in drei Teile zerlegt. Man spricht hierbei von Ober-, Mittel- und Unterlänge. Sie sind Hilfslinien für den Entwerfer und legen somit die Größe der einzelnen Buchstaben fest.

Ober-, Mittel- und Unterlänge der Schrift

Die Schriftgröße wird im allgemeinen nicht in mm, sondern in Punkt (p) nach Didot angegeben. Dabei entspricht 1 Punkt (p) = 0,376 mm und 1 Cicero = 12 p. Zu beachten ist jedoch, daß z. B 10 p Helvetica nicht gleich 10 p Folio in der tatsächlichen Schriftausdehnung ist. Es gibt nämlich – durch die Bleisatztechnologie bedingt – Schriften mit kleinem, normalem und großem Bild, so daß eine 10-p-Schrift mit kleinem Bild einer 8-p-Schrift mit großem Bild entsprechen kann. Zu beachten ist auch, daß der Didot-Punkt (p) etwas größer ist als der englisch-amerikanische Point (pt), der leider auch oft Punkt genannt wird. 1 Point = 0,353 mm.

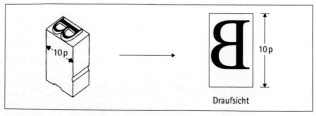

Draufsicht

Festlegung der Punktgröße bei einer Letter

Das heißt, daß die Schriftgröße nicht genormt ist. Dies hat zur Folge, daß wir uns jede Schrift vor dem Einsatz auf ihre tatsächliche Größe hin anschauen sollten. Selbst eine Schriftgrößennormung würde diese visuelle Überprüfung nicht überflüssig machen, weil auch das Größenverhältnis der Mittellängen zu den Oberlängen das Schriftgrößenbild beeinflußt.

In der Typografie unterscheidet man verschiedene Satzarten für Mengensatz (Fließtexte), die es uns erleichtern, optisch den Text an die Gestaltung anzupassen. Auch die Lesbarkeit kann durch die „richtige" Anordnung verbessert werden. Es wird dabei in Blocksatz, Flattersatz in rechts- oder linksbündig, Formenoder Figurensatz, Rauhsatz und mittigen Satz unterschieden. Jeder Fließtext kann somit individuell an sein Umfeld angepaßt werden, was die optische Wirkung beträchtlich zu steigern vermag. Der verfügbare Raum kann optimal genutzt werden. Nur der Rauhsatz sei hier kurz erläutert, weil er keine optisch charakteristischen Merkmale aufweist. Es ist ein linksbündiger Flattersatz mit geringer Flatterzone, so daß Silbentrennungen in Kauf genommen werden müssen. Im Gegensatz zum ähnlich aussehenden Blocksatz sind die Wortzwischenräume aber alle mathematisch gleich.

| Blocksatz | Flattersatz linksbündig | Flattersatz rechtsbündig | Formen- o. Figurensatz | Rauhsatz | Satz auf Mitte |

Satzarten

Nach den wichtigsten Grundbegriffen der Typografie wenden wir uns nunmehr den formalen Aspekten der Gestaltung mit Schrift zu. Hierbei unterscheidet Moser zwei typografische Aspekte. (Vgl. Moser, K.: Werbepsychologie, München 1990, S. 143-156.) Zum einen die Mikrotypografie, bei der es sich vornehmlich um Ästhetik und Lesbarkeit der einzelnen Wörter handelt, auch um Schriftwahl, Ausgleichen, Unterschneiden, Ligaturen, angemessene

Laufweite, optisch gleiche Buchstabenabstände u.ä., und zum anderen die Makrotypografie, wobei es hier um die Gestaltung und die Gliederung von Texten geht, also um das Layout.

Typografie

Mikrotypografie	Makrotypografie
beinhaltet Schrifttyp,	beinhaltet Gestaltung
Lesbarkeit von Buchstaben	und Gliederung von
und Schriftgröße u.a.	Texten.

3.1.1 Mikrotypografische Aspekte

Sie stellen für die Logogestaltung die entscheidendsten Faktoren dar. Nach einer Studie von Elbracht (1967), der die Erkennbarkeit von Einzelbuchstaben und Wörtern in verschiedenen Schrifttypen untersuchte, eignet sich weder eine fette serifenlose Schrift, wie beispielsweise die Neuzeit fett, noch eine kursive Schrifttype, wie Garamond kursiv, wenn das Wortbild schnell erfaßt werden soll. In bezug auf die Lesbarkeit und die Lesegeschwindigkeit fand er heraus, daß es kaum einen Unterschied zwischen der bestlesbaren und der schlechtestlesbaren Schrift gab. Der Unterschied lag bei 1:1,2*. Als Fazit stellte er fest, daß fette Schriften das Lesen eher behindern, sich aber als Überschriften trotzdem eignen, da sie ja meist kurz sind. Für die Hervorhebung in Texten eignen sich vor allem halbfette und magere Schriften. Negativ- und Kursivschriften sollten besser vermieden werden, da sie die Lesegeschwindigkeit vermindern.

Nach diesen Erkenntnissen über die Lesbarkeit von Schriften stellt sich jetzt aber die Frage, wie der Mensch eigentlich liest. Jost Hochuli, ein Schweizer Typograf, beschreibt den Lesevorgang in seinem Buch „Das Detail in der Typografie" folgendermaßen: „Der geübte Leser liest, indem sein Auge ruckartig über die Zeilen fährt. Diese kurzen Bewegungen werden Saccaden genannt, die mit Fixationsperioden von 0,2 bis 0,4 Sekunden abwechseln. In mehreren Saccaden

---

* Diese Erkenntnisse stammen noch aus Bleisatzzeiten, als in der Typografie größter Wert auf gute Lesbarkeit gelegt wurde. Die heutige Typografie ist „freier" geworden. Auffallende, originelle, ungewohnte Schriftformen sind manchen Typografen genau so wichtig wie gut lesbare Schriften. Beim Einbeziehen der durchweg sehr schlecht lesbaren Fuse-Schriften dürfte daher das Verhältnis 1:1,2 zu gering sein.

wird eine Zeile abgetastet, und in einer großen Saccade springt das Auge nach links zum nächsten Zeilenanfang zurück. Nur während einer Fixation wird die visuelle Information aufgenommen. Bei einer durchschnittlichen Buch-Schriftgröße sind es fünf bis zehn Buchstaben, in der deutschen Sprache also etwa ein bis zwei Wörter. Dabei kann eine Saccade im Wortinnern enden oder dort beginnen. Von den höchstens 10 Buchstaben werden während eines Ruheintervalles nur die 3 bis 4 im Fixationspunkt liegenden scharf erfaßt, die übrigen nimmt das Auge undeutlich und nur im Zusammenhang wahr. Wird der Sinn des Textes nicht klar, so springt das Auge in Regressions-Saccaden zurück und vergewissert sich des bereits Gelesenen." (Hochuli, J.: Das Detail in der Typografie, München 1990, S. 8.)

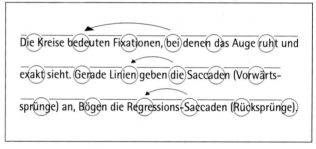

Der Lesevorgang (aus: Hochuli, J.: Das Detail in der Typografie, München 1990, S. 9)

Interessant erscheint hierbei auch noch, daß der Leser nicht das komplette Wort erkennen muß, sondern lediglich die obere Hälfte. „Während der Leser eine Zeile, von der die obere Hälfte der Mittellängen sowie die Oberlängen abgedeckt sind, kaum zu entziffern vermag, bleibt der Text bei abgedeckter unterer Hälfte meist noch lesbar." (Hochuli, J.: Das Detail in der Typografie, München 1990, S. 18.) Dies heißt für die Schriftgestaltung, daß die obere Hälfte gut durchgestaltet sein muß, denn sie entscheidet, wie schnell ein Logo erfaßt werden kann.

Ober- und Unterlängen

Ober- und Unterlängen

Die Oberlänge entscheidet über die Lesbarkeit der Schrift
(aus: Hochuli, J.: Das Detail in der Typografie, München 1990, S. 18).

Hierzu gibt es auch noch eine experimentelle
Begründung: „Man benötigt etwa 100 Millisekunden,
um einen Buchstaben genau zu erkennen. Ein aus fünf
Buchstaben bestehendes Wort wird aber in etwa 200
Millisekunden erkannt, pro Buchstabe sind das nur 40
Millisekunden. Das Wort kann in dieser Zeit nicht
Buchstabe für Buchstabe gelesen worden sein."
(Behrens, G.: Werbepsychologie, München 1991, S. 35.) Eine genauere Erklärung hierfür ist, daß Buchstaben, Wörter und
Sätze durch ein bereits vorhandenes Identifikationsmuster erkannt werden. Dieses Identifikationsmuster
muß also durch Erfahrungen, wie dies bei Leseübungen
zum Beispiel der Fall ist, erlernt werden. Je mehr Übung
im Lesen besteht, desto geringer wird der kognitive
(bewußte) Identifikationsaufwand, und die Lesegeschwindigkeit erhöht sich. Ein Beispiel für den
Einfluß von einem Identifikationsmuster folgt nun:

a) LOGOTYPE   b) LoGoTyPe

Während das Wort (a) relativ leicht und schnell zu
lesen ist, bedarf es bei (b) schon genauerer Betrachtung.
Das bedeutet, daß die Art von (a) schon in einem
Identifikationsmuster in unserer Wahrnehmung abge-
speichert ist, wohingegen (b) durch das ungewohnte
Wortbild erst noch erlernt werden muß. Würden wir
immer in der Art von (b) lesen, so fiele es uns schwerer,
(a) zu entziffern. Ein wesentlicher Nachteil dieser
Identifikationsmuster ist, daß bei ähnlichen Wörtern,
wie zum Beispiel den Produkten „Hemsa" und „Hamsa",
eine Verwechslung stattfinden kann. Deshalb sollte
man vor dem Einführen eines Markennamens

überprüfen, ob sich schon ähnliche im Markt befinden.
(Vgl. Behrens, G.: Werbepsychologie, München 1991, S. 35.)
Natürlich wird oftmals gerade dieser Aspekt benutzt,
um von dem guten Image anderer zu profitieren. Man
findet dies meist bei Nachahmungen von nachfrage-
starken Produkten (Mee-too-Produkten).
Auf die Frage, welchen Einfluß die verschiedenen
Schriftarten auf die Erzeugung von Stimmungen
haben, gibt es verschiedene Untersuchungen, unter
anderen die von Kastl und Child. (Vgl. Kastl, A. J., Child, J.L.:
Emotional meaning of four typographical variables, Journal of Applied
Psychology, 1968, 52, S. 440-446.) Schauen wir uns die
wesentlichen nun einmal an.

Schriftarten	Stimmung
rund (Antiqua)	lebendig, funkelnd, verträumt, ruhig, hochragend
gebrochen (Fraktur)	würdevoll, traditionell
fett	traurig, würdevoll, dramatisch
serifenbetont	sachlich, anspruchsvoll
serifenlos	kühl, nüchtern
Schreibschrift	elegant, feierlich

Zur Frage, inwieweit die Größe einer Schrift die Lesbarkeit beeinflußt, gibt es keine eindeutige Regel.
Tinker nimmt als optimal für die Lesbarkeit nach
mehreren systematischen Untersuchungen eine Größe
zwischen 10 und 11 Punkt an. (Vgl. Tinker, M. A.: Legibility of
print, Ames, IO, Iowa State University 1969.) Dies stellt jedoch
eher eine Daumenregel als eine allgemeingültige Regel
dar, da jede Schrifttype, wie schon vorher erwähnt, eine
individuelle optische Größe besitzt.
Abschließend sollen noch einige mikrotypografische
Aspekte nach Tinker und Behrens für die Logogestaltung erwähnt werden. (Moser, K.: Werbepsychologie, München
1990, S. 147-148; Behrens, G.: Werbepsychologie, München 1991, S. 37.)
Sie sind kleine werbepsychologische Stützen bei der
Gestaltung.

- Charakteristische Merkmale der Buchstaben sollen klar herausgestellt werden (z.b. der horizontale Strich beim T).

- Die Linien sollten nicht zu nahe beieinander liegen (z.B. bei A, V, X, Z).

- Die mittleren Horizontalen bei E und F sollten kürzer als die oberen Horizontalen und außerdem nicht zu dünn sein.

- Extrem kontrastierende Haarlinien sollten vermieden werden (z.B. bei Y, N und F).

- Zu lange Serifen sind zu vermeiden (z. B. bei F oder U).

- Gabelungen sollten in der Nähe der Mitte (Vertikalen) bleiben (z.B. bei Y und M).

- Großflächige Buchstaben sind besser lesbar (W besser als E).

- Klarer strukturierte Buchstaben sind besser lesbar (z. B. w vs. a oder q vs. g).

- Serifen können oft das Lesen behindern (z.B. bei h, u, n); teilweise leisten kurze dreieckige Serifen bessere Dienste (z.B. bei a, z, s).

- Dünne Haarlinien (z. B. bei e) sollten mit großer Vorsicht verwendet werden, wobei darauf zu achten ist, daß ausreichend Hintergrundfläche bleibt.

- Das Wort muß so gestaltet sein, daß auch mit geringem Konzentrationsaufwand das Wesentliche erfaßt wird.

- Sinneinheiten müssen grafisch zusammengefaßt werden.

- Wesentliches muß hervorgehoben werden.

Allerdings ist diese Aufstellung noch recht grob und undifferenziert. Bessere Dienste leisten Psychogramme von Druckschriften. Die Anmutungsqualität ergibt sich aus Adjektivpaaren. Hierbei wird die psychologische Wirkung einer Schrift durch mehrere gegensätzliche Adjektivpaare, wie lebendig – ruhig, leicht – schwer, erhaben – gewöhnlich, locker – steif, in zum Beispiel fünf Wertungsstufen erfaßt. Verbindet man die einzelnen Punkte, so ergibt sich eine Kurve, welche die charakteristische Anmutungsqualität der untersuchten Schrift wiedergibt. (Vgl. Bergner, W.: Grundlagen der Typografie, Itzehoe 1990, S.69.)

Wertungsstufen	1	2	3	4	5	der Schriften
lebendig			+		O	ruhig
leicht		+		O		schwer
erhaben	+				O	gewöhnlich
locker		+		O		steif
fortschrittlich	O			+		traditionell
erregend			+	O		reizlos

Beispiel für Psychogramme von Druckschriften: Garamond mager +, Maxima halbfett O. Die Adjektivpaare können dem Schriftcharakter angepaßt werden (aus: Bergner, W.: Grundlagen der Typografie, Itzehoe 1990, S. 69).

Als Fazit können wir also festhalten, daß der Lesbarkeit der Schrift eine Schlüsselfunktion in der Logogestaltung zukommt. Es zeigt sich unter diesem Aspekt noch, daß lange und schwer sprechbare Namen besser in Groß- und Kleinschreibung dargestellt werden sollten. Auch wenn dadurch die besondere Anmutungsqualität der Schrift verlorengeht, wie sie durch Großbuchstaben vermittelt werden kann. Großbuchstaben haben zwar klare, unverwechselbare Buchstabenbilder, wegen ihrer gleichmäßigen Höhe ergeben sie aber Wortbilder mit geringerer Unterscheidbarkeit. Schon Wörter mit mehr als fünf Buchstaben sind schwer lesbar.

Das optische Ausgleichen der Buchstaben ist ein weiterer wesentlicher Punkt, um die Lesbarkeit zu verbessern. Schnörkel und Schriftverstümmelungen bewirken genau das Gegenteil. Logos sollten in der Regel auch in starker Verkleinerung noch lesbar sein. Dazu bedarf es aber klarer Schriftformen, die bei der Verkleinerung nicht „verschwimmen". Hierzu nun ein paar Beispiele.

Schlecht:	Besser:
Lang und schwer sprechbare Namen in Versal geschrieben und gesperrt.	Groß-Kleinschreibweise mit optischem Ausgleichen.
BILLETDOUX	Billetdoux
Schlecht:	Besser:
Buchstabenzwischenräume nicht ausgeglichen.	Ausgleich der Zwischenräume
OPTIK	OPTIK
Schlecht:	Besser:
Schrift,die nicht gut verkleinerbar ist.	Eine Schrift,die durch stärkere Linienstärke gut verkleinerbar ist.
Billetdoux	**Billetdoux**

Wichtige Kriterien für die Logogestaltung

3.1.2 Makrotypografische Aspekte

Die makrotypografischen Aspekte spielen bei der Logogestaltung nur eine untergeordnete Rolle, da sie sich hauptsächlich mit der Gestaltung und Gliederung von Texten befassen. Trotzdem wollen wir ein paar Erfahrungen auf diesem Gebiet festhalten, nicht zuletzt darum, weil in manchen Logos Leistungsaufzählungen integriert werden müssen. Diese Leistungsaufzählung kann je nach Art auch umfangreicher ausfallen, wobei wir dann auf unsere Erfahrungen mit der Makrotypografie zurückgreifen können.

Die erste Frage, die sich uns hierbei stellt, ist, wieweit sich Lesbarkeit und Verständlichkeit von Texten durch Gestaltung verändern lassen. Dabei ist eine Grundforderung, gedankliche Einheiten textgestalterisch zu verknüpfen. Das bedeutet, daß Wortgebilde, die sinngemäß zusammengehören, auch zusammen in eine Zeile sollten, oder man versucht, sie durch verschieden große Abstände sinngemäß voneinander zu trennen. In der Praxis wird dies jedoch bei langen Texten schwer zu realisieren sein. Denn bei diesen fortlaufenden Texten ist man durch Platzmangel auf komprimierte Textgestaltung angewiesen. Das gilt insbesondere für Bücher.

Ein Handicap sind auch Lesbarkeit und Lesegeschwindigkeit. Es erscheint einleuchtend, daß sich bei sinngemäßen Textunterbrechungen die einzelnen

Abstände unterschiedlich zueinander verhalten müßten, was zwangsläufig den Lesefluß beeinträchtigen würde. Das heißt, es bleiben uns nur kurze Texte, wie sie in Headlines oder Slogans vorkommen, um diese sinngemäßen Textunterteilungen zu realisieren. Hier gilt dann, daß pro Zeile nicht mehr als eine Sinneinheit vermittelt wird. Es kann dadurch die Verständlichkeit kurzer Texte erhöht werden.

Hinsichtlich der optimalen Zeilenbreite gibt es widersprüchliche Aussagen. Teigeler empfiehlt, die Satzbreite so zu wählen, daß sechs Wörter ohne Trennung in eine Zeile passen. (Vgl. Teigeler,P.: Verständlich sprechen, schreiben, informieren, Bad Honnef 1982.) Würde man diese lesefreundliche Empfehlung in die Praxis umsetzen, so hätten wir einen wesentlich höheren Papierbedarf. Aus ökonomischen Gründen kann man in Büchern und Zeitschriften Informationen daher leider nicht in sinngemäßer Weise übermitteln. Beim Zeilenabstand (Durchschuß) geht man in der Regel davon aus, daß er etwa zwei Punkt betragen sollte. (Vgl. Moser, K.: Werbepsychologie, München 1990, S. 148-154.) Allerdings hängt der Zeilenabstand wesentlich vom Schriftgrad ab. Große Grade verlangen mehr Durchschuß als kleine. Schulz von Thun machte sich Gedanken darüber, wie man Texte formulieren muß, so daß sie leichter und schneller verstanden werden. Er stieß hierbei auf vier Kriterien, die nach seiner Meinung ganz entscheidend sind für schnelles Erfassen und Verstehen von Texten. (Vgl. Schulz von Thun, F.: Verständlich informieren, in: Psychologie Heute, 2/1975, Heft 5, S. 42 ff. Ferner aus: Behrens, G.: Werbepsychologie, München 1991, S. 38-39.)

1. Einfachheit: Man sollte möglichst keine Fremdwörter benutzen. Falls es unumgänglich erscheint, sollte man sie wenigstens dem Leser erläutern. Für den Inhalt bieten sich am besten kurze Worte und Sätze an.

2. Gliederung und Ordnung: Es soll möglichst eine klare Ordnung im Text geschaffen werden. Mit Hilfe von Überschriften, Absätzen, Hervorhebungen usw. läßt sich der Lesefluß verbessern.

3. Kürze und Prägnanz: Hierbei sollte man beachten, daß man den Kern des Themas behandelt. Weitschweifigkeit und zu ausführliche Erklärungen ermüden den Leser und bewirken häufig Leseverdrossenheit.

4. Zusätzliche Stimulanz: Der Leser soll aktiv in den Lesevorgang einbezogen werden. Durch Beispiele, Fragesätze, Vergleiche usw. kann er zum Mitdenken motiviert werden. Dies schafft zum einen höhere Aufmerksamkeit und zum anderen mehr Motivation, um den Text weiter zu lesen.

3.2 Branding

Sie werden sich jetzt sicherlich wundern, was dieser Abschnitt denn hier zu suchen hat. Erfahrungsgemäß ist es oftmals so, daß man als Hersteller eines Produktes oder als Gründer einer Institution vor der schweren Aufgabe steht, einen geeigneten Namen zu finden. Dabei stellt sich nicht nur aus marktstrategischen Gründen die Frage, wie ich denn meine Leistung oder meine Institution benennen soll, um auf Akzeptanz im Markt zu treffen. Bei der Namensgebung für Institutionen sind wir zusätzlich noch an die verschiedenen Gesetze (im Handelsgesetzbuch) und die jeweilige Rechtsform des Unternehmens gebunden. Bei Produkten und anderen Leistungen sieht das schon etwas anders aus. Hier heißt es, Kreativität an den Tag zu legen, um sich von den Mitbewerbern eindeutig abzuheben. Es entscheidet also nicht nur der optische Auftritt, sondern auch die Wahl des optimalen Namens. Es gibt in der Praxis drei Prinzipien, nach denen man Markennamen entwickeln kann.

1. Isolationsprinzip
Hierzu gehören alle Namen, die keine Rückschlüsse auf die Institution zulassen (z.B. Tesa, Ariel, Dentagard usw.). Der Vorteil hierbei ist, daß bei Imageverschlechterungen nicht sofort die Institution mit der Leistung in Verbindung gebracht wird. Außerdem läßt sich dadurch leichter eine diversifikationsorientierte Strategie verwirklichen. Man kann also als Hersteller in völlig unterschiedliche Märkte einsteigen. Der Nachteil liegt in den hohen Marketing- und Werbeaufwendungen, für die zwangsläufig ein entsprechend hohes Werbebudget notwendig ist.

2. Integrationsprinzip

Institutionsname und Leistung werden gemeinsam benannt (z.B. VW Golf, Apple Macintosh Classic, Seat Marbella, Adobe PhotoShop). Der Vorteil hierbei ist eine verstärkte Werbewirkung für die Leistung bei positivem Image des Herstellers. Marketing- und Werbeaufwendungen sind dadurch wesentlich geringer. Die Nachteile sind bei einem Imageverfall infolge von Negativbewertungen in den Medien (Umweltbelastungen o.ä.) natürlich schon gravierender. Es kann ernsthaft dem Firmenimage geschadet werden. Mit dieser Art der Namensgebung wird die diversifizierte Sortimentsausweitung wesentlich erschwert.

3. Identitätsprinzip

Institutionsname und Leistung sind gleich (z.B. Coca-Cola, Melitta, Birkel usw.). Der Vorteil hierbei ist die Verwirklichung der integrierten Corporate Communication, weil man zugleich für Institution und Leistung wirbt. Es entstehen sogenannte Synergieeffekte (Verstärkungseffekte) zwischen Öffentlichkeitsarbeit und Werbung. Von Nachteil ist jedoch, daß keine Profilierung eines Einzelproduktes möglich ist. Negative Unternehmensnachrichten schlagen dann auf die Produkte durch.

Zur Namensfindung stehen nach Gotta (vgl. Gotta, M. et al.: Brand News. Wie Namen zu Markennamen werden, Hamburg 1988) wiederum drei Arten zur Auswahl. Sie beziehen sich alle auf das Isolations- und Integrationsprinzip, da man ja nur bei diesen beiden Prinzipien Marken- und Leistungsbezeichnungen verwendet.

1. Beschreibende Namen

Sie geben konkrete Angaben über die jeweilige Leistung (z.B. Kinderschokolade, Nur die, Du darfst, Dusch das usw.). Der Vorteil ist, daß konkrete Produktbotschaften vermittelt werden, der Nachteil wiederum, daß solche Namen kaum schutzfähig sind. Sie können somit nicht in die Zeichenrolle des Patentamtes in München eingetragen werden. Eine Ausnahme könnte nur dann geltend gemacht werden, wenn ein hoher Bekanntheitsgrad nachgewiesen wird.

2. Artifizielle Namen (künstliche Namen)
Sie machen keine Aussagen über die Leistung (z.B. As, Nesquik, Azora usw.). Vorteil dieser Namen ist, daß sie schutzfähig sind. Meistens sind sie auch international einsatzfähig. Der Nachteil ist, daß sie nur mit sehr hohem Werbedruck penetriert werden können.

3. Assoziative Namen (symbolträchtige Namen)
Es sind Namen, die ein bestimmtes Konzept (Stimmung, Image, Erlebnis usw.) vermitteln (z.B. Cliff, Kleopatra, Holiday-Park usw.). Der Vorteil hierbei ist, daß relativ leicht die besonderen Vorzüge der Leistung vermittelt werden können. Man kann ganz bewußt auf das Prestigedenken der Verbraucher eingehen. Als Nachteil stellte sich heraus, daß sie leicht nachzuahmen sind. Es können dabei Namen gewählt werden, die ähnliche Assoziationen bei den Verbrauchern erwecken. Statt unserem Beispiel „Kleopatra" könnte man unter anderem die Namen „Nofretete" oder „Schöne Helena" verwenden.

Wir sehen also, daß es unterschiedliche Möglichkeiten gibt, um einen geeigneten Namen zu finden. Die Kreativitä t wird dadurch nicht ersetzt oder eingeschränkt. Im Gegenteil, dem Grafik-Designer stellt sich die nicht immer leichte Aufgabe, eine adäquate Gestaltung für den Namen zu finden, damit Form und Inhalt übereinstimmen.

3.3 Farbe
Die Farbe fungiert in der Logogestaltung lediglich als Hilfsmittel zur optischen Hervorhebung. Sie darf nie zum bestimmenden Element im Logo werden. Das ist auch gut zu begründen. Da die meisten Institutionen, ob kleine, mittelständische oder große, vorwiegend die Tageszeitung als Werbeträger einsetzen und diese vielfach noch schwarzweiß gedruckt werden, muß das Logo auch schwarzweiß umsetzbar sein. Viele Auftraggeber lassen sich nur zu oft von der farblichen Wirkung des Logos beeindrucken und merken erst später, wie schwach dasselbe Logo in Schwarzweiß-Darstellung wirkt. Deshalb gilt es für den Grafiker genauso wie für den Auftraggeber, sich vorher eine Schwarzweiß-Umsetzung anzusehen. Sie sollte auch maßgeblich die

Entscheidung des Auftraggebers beeinflussen. Dies auch im Hinblick der sich stetig verändernden Medienlandschaft. Auch wenn heute schon fast alles reproduzierbar ist, gibt es aber doch noch Probleme, die vor allem bei der Farbgestaltung unbedingt beachtet werden müssen.

Man hört im Fachjargon oftmals den Begriff „branchenrichtiger Farbeinsatz". Obwohl er mehr theoretische als praktische Bedeutung hat, soll er trotzdem kurz erläutert werden. Unter branchen-richtigem Farbeinsatz versteht man den Einsatz von Farben, die für eine Branche charakteristisch sein sollen. Typische Beispiele hierfür sind bei Bäckereien Braun und Orange, bei Autohäusern Blau und Gelb, bei Baufirmen Grau und Rot, bei Gärtnereien Braun und Grün usw. Diese stereotype Farbgebung ist aber kaum noch sinnvoll, da sich die Inhalte, das Image usw. der einzelnen Branchen mit der Zeit verändern. Und durch das stärkere optische Abheben aller Marktteilnehmer wird manch ein Unternehmen zwangsläufig in andere Farbfelder abgedrängt. Uns steht heute eine derart große Farbenvielfalt in der Logogestaltung zur Ver-fügung, daß man anhand von Farben nicht mehr eindeutig die Branche bestimmen kann.

Auf die Frage, wie viele Farben man überhaupt in einem Logo einsetzen sollte, gibt es unterschiedliche Meinungen. Die einen bevorzugen die Vielfarbigkeit und versprechen sich damit einen höheren Aufmerk-samkeitswert, die anderen plädieren für Reduktion auf das Wesentliche und versprechen sich damit eine größere Merkfähigkeit. Anton Stankowski meint hierzu, daß höchstens drei Farben eingesetzt werden sollten. (Vgl. Birkigt, K., Stadler, M.M.: Corporate Identity, Landsberg/Lech 1986, S. 196.) Natürlich sollte man auch nicht vergessen, daß jede zusätzliche Farbe mehr Geld bei der späteren Produktion kostet, ein gewichtiger Punkt für finanziell nicht so gut ausgestattete Unternehmen. Auch Ein-steiger begehen hier oft fatale Fehler, indem sie viel-farbige Logos entwerfen lassen. Beim späteren Druck wundern sie sich dann über eine saftige Rechnung vom Drucker. Dadurch haben sie ihren Werbeetat schon unnötigerweise um erhebliche Mittel gekürzt, die ihnen wahrscheinlich – anders eingesetzt – einen größeren Werbeerfolg beschert hätten.

Was außerdem noch wichtig erscheint, ist die Stimulationsfähigkeit von Farben. Gehen wir einmal davon aus, daß es sie gibt, so kann eine gewünschte Aussage noch verstärkt werden. Leider gibt es heute noch keine eindeutigen Beweise über die Wirkung von Farben. König meint hierzu: „Farblehren beruhen durchweg auf unbewiesenen und bisher auch unbeweisbaren Unterstellungen und Vermutungen. Sie haben deshalb keinerlei Beweiskraft bei der Begründung der Wahl einer bestimmten Farbe oder einer Farbkombination." (König, U.: Farbenpsychologie, in: Marketing Enzyklopädie, Bd. 1, München 1974, S. 693.)

Farben können allerdings sehr stark die Aufmerksamkeit erregen. Hierzu gibt es eine Untersuchung, mit der man feststellen wollte, welche Farbe wohl am leichtesten die Aufmerksamkeit der Betrachter auf sich zieht. Mittels eines Tachistoskopes wurden bei der kurzen Darbietung einer verschiedenfarbigen Fläche interessante Werte ermittelt: Orange erreichte mit 21,4 % den höchsten Aufmerksamkeitswert. Danach folgten Rot mit 18,6%, Blau mit 17,0 %, Schwarz mit 13,4 %, Grün mit 12,6%, Gelb mit 12,0 %, Violett mit 5,5 % und Grau mit 0,7 %. Damit treten Orange und Rot an die erste Stelle bei der Aufmerksamkeitserregung.

Eigentlich sollte man ja denken, Gelb sei die Signalfarbe Nummer 1. In diesem Test wurde dies jedoch nicht bestätigt. Ein Grund hierfür könnte sein, daß die Farbe Gelb nur in Kombination mit einer anderen Farbe auffällt. Ganz anders sieht es bei der Wahrnehmbarkeit von Farben aus. Hier steht sie an der Spitze. Die Reihenfolge sieht dabei so aus: erst Gelb, Orange, Rot, dann Grün. (Vgl. Favre, J.-P., November, A.: Color and communication, Zürich 1979, S. 41/42.)

Die größte Fernwirkung geht übrigens von der Farbkombination schwarzer Druck auf gelbem Grund aus, während Grün auf blauem Grund am wenigsten Fernwirkung aufweist. (Vgl. Golpon, R.: Reproduktionsverfahren, 7. Auflage, Frankfurt 1993, S. 197.) Auf jeden Fall ist bei der Gestaltung mit Farben immer zu bedenken, daß sie eine Anmutungsqualität haben, also sowohl einzeln als auch in Verbindung mit anderen Farben sympathisch, neutral oder abstoßend wirken können. Leider gibt es aber für die Wirkung der Farben keine allgemeingültigen Regeln, höchstens Erfahrungswerte und Anhaltspunkte, die aber von Mensch zu Mensch recht verschieden sein können und offenbar auch von kulturellen Traditionen und vom gewohnten Umfeld mitgeprägt werden. Auch das sollte bei der Logogestaltung berücksichtigt werden.

Setzt man zu viele Farben beim Logo ein, kann es im nachhinein noch zu finanziellen und technisch bedingten Schwierigkeiten kommen. Man sollte deshalb im voraus daran denken, daß die spätere Büroeinrichtung, der geplante Messestand, die Firmenwagenfarbe, die Hausfarbe usw. an den Logofarben orientiert werden müssen, um ein einheitliches Corporate Design und damit eine positive Corporate Identity zu erzielen. Deshalb gilt es, die richtigen Farben auszuwählen. Nehmen Sie nie spontan eine Farbe, bloß weil Sie Ihnen gefällt! Subjektive Einflüsse sollten bei der Farbauswahl unterbleiben. In der Werbepsychologie spricht man von den Anmutungsqualitäten der Farben. Das bedeutet, daß jede Farbe spezifische Assoziationen im Betrachter auslöst, wie bereits gesagt, jedoch durchaus ganz unterschiedliche. Wenden wir uns nun einmal einigen Farben unter dem Gesichtspunkt der Anmutungsqualitäten von Behrens zu. (Behrens, G.: Werbepsychologie, München 1991, S. 49.)

Farbe	Auslösung von Anmutungsqualitäten (allgemeine Assoziationen)	Beeinflussung von Objekteigenschaften (sinnesbezügliche Assoziationen)
ROT	aktiv, erregend, herausfordernd, herrisch, fröhlich, mächtig	heiß, laut, voll, stark, süß, fest
ORANGE	herzhaft, leuchtend, lebendig, freudig, heiter	warm, satt, nah, glimmernd, trocken, mürbe
GELB	hell, klar, frei, bewegt	sehr leicht, glatt, sauer
GRÜN	beruhigend, erfrischend, knospend, gelassen, friedlich	kühl, saftig, feucht, sauer, giftig, jung, frisch
BLAU	passiv, zurückgezogen, sicher, friedlich	kalt, naß, glatt, fern, leise, voll, stark, tief
VIOLETT	würdevoll, düster, zwielichtig, unglücklich	samtig, narkotischer Duft, faulig-süß

Der Symbolgehalt einer Farbe ist von Kultur zu Kultur verschieden. In Europa gilt die Farbe Weiß als Farbe der Unschuld, der Reinheit und des Lichts, wie es von einem Engel ausgestrahlt wird. Schwarz wird mit Sünde, Trauer, Teufel und Tod assoziiert. Rot ist die Farbe der Liebe und des Weins, wie wir aus unzähligen Schlagern schon zu hören bekommen haben. Auch Freude, Erregung und Scham sind charakteristische Attribute. Die Farbe Blau steht dagegen für die Treue, für Beständigkeit und Mäßigkeit. Grünliches Gelb ist der Neid und Grün die Hoffnung. Rötliches Gelb (Goldgelb) wiederum symbolisiert Freude, Sonne, Gold, Leben, Ernte und Reichtum. Bei der katholischen Kirche finden wir zusätzlich noch die Bußfarbe Violett. Jede Farbe erweckt somit andere Empfindungen, die auf persönlichen Erfahrungen beruhen oder auf bereits im Unterbewußtsein verankerte oder anerzogene Erfahrungen zurückgehen.

Doch hat Farbe nicht nur einen symbolhaften Charakter. Sie kann uns auch verschiedene Dinge einfach schmackhafter machen. Betrachten wir nun die Farbkombinationen auf Seite 113. Jede erweckt in uns eine andere Geschmacksempfindung.

Übertragen wir das Wissen über die Wirkung von Farben auf die Gestaltung von Logos, so können Verstärkungseffekte hervorgerufen werden. Schauen wir uns die folgenden drei Logos etwas genauer an. Wir werden feststellen, daß jedes einzelne trotz unveränderter Form eine andere Wirkung ausstrahlt.

Gehen wir davon aus, unsere Beispielfirma biete ein größeres Sortiment verschiedener Produkte an. Für jedes Produkt benötigt sie nun eine geeignete Farbe, die mit dem Produktinhalt harmoniert. Das Logo A könnte durch seine kältere und etwas bittere Farbkombination für Kaffee oder Bitterschokolade stehen. Das Logo B wirkt frisch und luftig, man könnte es mit einem Deospray, einem Mineralwasser oder einem WC-Reiniger in Verbindung bringen. Im Logo C finden wir durch den warmen Rotton eher die Verbindung zu einem feurigen, süßlichen Inhalt. Er könnte bei einer scharf-würzigen Cocktailsoße oder einem Ketchup Anwendung finden.

Das, was wir in der Umgangssprache als „Farbe" bezeichnen, müßte eigentlich „Wellenlänge" heißen. Physikalisch gesehen, sind Farben eben nichts anderes

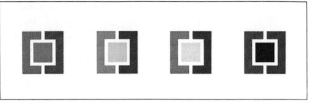

Farbkombinationen, welche die Geschmacksnerven ansprechen

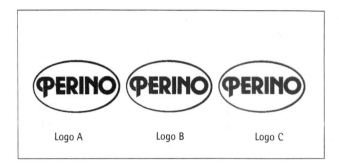

Logo A   Logo B   Logo C

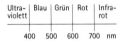

als elektromagnetische Wellen mit verschiedenen Längen. Sie werden durch Intensität und Zusammensetzung des Wellenspektrums bestimmt. Dabei sehen wir nur einen kleinen Bereich des Spektrums. Im Wellenbereich von ungefähr 400 bis 700 nm befinden sich die Farben Blau, Grün, Rot und ihre Zwischentöne. Ultraviolett unter 400 nm und Infrarot über 700 nm sind vom menschlichen Auge nicht mehr zu erkennen. Farbe ist also Licht. Wir unterscheiden Lichtfarben bei der additiven Farbmischung und Körperfarben bei der subtraktiven Farbmischung.

3.3.1 Additive Farbmischung

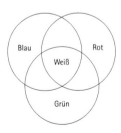

Der englische Physiker und Mathematiker Sir Isaac Newton erklärte mit dem von ihm gefundenen Gravitationsgesetz die Planeten- und Mondbewegung. Doch dies war nur eine von vielen wissenschaftlichen Erkenntnissen Newtons. 1666 machte er eine für uns heute noch faszinierende Entdeckung. Er wies die spektrale Zusammensetzung des weißen Lichts nach. Dabei ließ er durch ein Glasprisma Sonnenstrahlen fallen. Er konnte damit das sichtbare Spektrum der Farben, ähnlich wie bei einem Regenbogen, darstellen. Natürlich gab es schon früher solche Versuche, nur glaubte man bis zu dieser Zeit noch daran, daß im Glas latente Farben vorhanden seien. Als nächstes erkannte Newton, daß er ein in seine Farbanteile zerlegtes Licht auch wieder zusammensetzen konnte. Mit Hilfe einer Sammellinse bündelte er das Licht. Durch das Mischen aller Farben erzielte er dann wieder weißes Licht. Es dauerte verständlicherweise noch eine Zeitlang, bis sich Wissenschaftler mit dem Problem der Farbenmischung beschäftigten. Von den Arbeiten der Physiker Young und Helmholtz angeregt, fand Gassmann 1853 die Gesetze der additiven Farbenmischung. Dabei stellte er fest, daß schon die drei Grundfarben Blau, Grün und Rot ausreichten, um sämtliche Farben des sichtbaren Spektrums durch Vermischen herzustellen. (Vgl. Webers, J.: Handbuch der Film-und Videotechnik, München 1991, S. 47.) Bei den Lichtfarben ist es also so, daß durch die Addition von Lichtfarben die Mischfarben stets heller als die Grundfarben sind. Mischt man alle drei Grundfarben zu gleichen Teilen, so entsteht Weiß.

3.3.2 Subtraktive Farbmischung

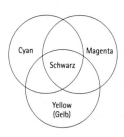

Unter der subtraktiven Farbmischung versteht man den Farbeindruck, den man bekommt, wenn auf einen Körper auffallendes Licht absorbiert, reflektiert oder durchgelassen wird. Es handelt sich hierbei also um Körperfarben, die erst durch eine Beleuchtung sichtbar werden. Mischt man alle subtraktiven Grundfarben, nämlich Gelb, Magenta und Cyan, so erhalten wir nicht wie bei der additiven Farbmischung Weiß, sondern Schwarz.

Man muß aufpassen, daß man die Farbennamen nicht durcheinander bringt. Gelb ist eine gewohnte Bezeichnung, Magenta entspricht einem bläulichen Rot und Cyan einem grünlichen Blau. Oft werden die additiven und die subtraktiven Grundfarben verwechselt, d.h. man verwendet statt Magenta den Begriff Rot und statt Cyan den Begriff Blau, was unter anderem zu Problemen beim Druck führen kann. Wir finden also die subtraktive Farbmischung immer in Verbindung mit allem Körperhaften auf der Erde. So fallen auch unsere Logos, Zeitschriften, Bilder, Bücher usw. in diesen Bereich. Der Drucker verwendet dafür die drei subtraktiven Grundfarben Magenta, Cyan und Yellow (Gelb). Zusätzlich zu diesen drei Farben benötigt er für die Tiefendarstellung noch die unbunte Farbe Schwarz. Jedoch läßt sich mit den drei Grundfarben das komplette Farbenspektrum abbilden. Durch Rasterzerlegung einer Vorlage für den Druck werden dem Auge echte Halbtöne vorgetäuscht. Es sind winzig kleine Punkte, die lediglich bei vergrößerter Wiedergabe auffallen. Durch das Aufeinanderdrucken von vier Farbauszügen mit winzigen Rasterpunkten in den subtraktiven Grundfarben entsteht dann in Sehentfernung der Farbeindruck. Deswegen sprechen wir auch von einem Vierfarbdruck (4 c). Es werden also lediglich vier Druckplatten benötigt.

3.4 Gestaltungsprinzipien

Bei den Gestaltungsprinzipien wollen wir Faktoren ansprechen, die man bei der Logoentwicklung berücksichtigen sollte. Wenn sie beachtet werden, kann man ziemlich sicher sein, ein auch für die Zukunft technisch realisierbares Logo zu besitzen. Natürlich können manchmal technische Beschränkungen die gestalterische Freiheit etwas einschränken. Hierbei sollte man überlegen, ob eine technisch perfekte Umsetzung Vorrang hat oder eher eine besonders wirkungsvolle gestalterische Lösung, die vielleicht nicht alle nun folgenden Punkte erfüllt. Die Für-und- Wider-Argumente sollten zwischen Auftraggeber und Grafiker offen besprochen werden. Nur so kann man zu einem für beide Seiten befriedigenden Ergebnis finden.

3-dimensionale Abbildungsfähigkeit

Das Logo sollte räumlich darstellbar sein, um es auch in eine Außenbeschriftung oder in ein Werbemittel verwandeln zu können.

räumlich nicht darstellbar

räumlich darstellbar

Hier fehlt die Verbindung mit dem Rahmen. Linie hängt in der Luft. Keine räumliche Darstellung möglich.

Durch die Verbindung an den Ecken ist das Zeichen räumlich darstellbar.

Farbigkeit
Wenn man – bedingt durch zu viele Farben – ein Logo aufrastern muß, kann dies schon die Einsatzgebiete beschränken. Deshalb sollte die Farbwahl wohlüberlegt sein! Oftmals ergibt die Schwarzweiß-Umsetzung eines mehrfarbigen Logos ein verfälschtes Abbild des Originals. Wir erreichen dadurch in der Regel nicht den angestrebten Effekt der eindeutigen Wiedererkennbarkeit, und das Logo verliert unnötigerweise an Werbewirkung.

Gesellschaft für visuelles Marketing mbH

Minimum an Redundanz
Es ist wichtig, sich beim Gestalten auf das Wesentliche zu konzentrieren. Diese Reduktion in Verbindung mit prägnanter Umsetzung hat den Vorteil, daß ein solches Logo weniger störanfällig ist und sich daher bei den Adressaten einprägt. Konzentration auf das Wesentliche heißt vor allem, mit einem Minimum an Redundanz (Überfluß) zu arbeiten. Werbliche Verstärker, wie Linien, Schnörkel, Schmuckelemente, Farben, können zwar die Signalübertragung unterstützen, bieten jedoch auch Angriffspunkte für Störungen. Eine Pro- und-Contra-Betrachtung und -Erörterung kann hier weiterhelfen.

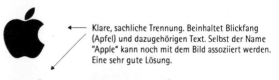

Klare, sachliche Trennung. Beinhaltet Blickfang (Apfel) und dazugehörigen Text. Selbst der Name "Apple" kann noch mit dem Bild assoziiert werden. Eine sehr gute Lösung.

Apple Computer GmbH

Schrift

Eine klare Schriftform unterstützt die Lesbarkeit. Diffuse, zusammenhanglose Gebilde mit Verzerrungen der Schrift behindern nur das rasche Erfassen des Logos. Lesbarkeit steht somit immer vor exzessiver Gestaltung.

Uneingeschränkter Einsatz

Das Logo sollte uneingeschränkt auf allen nur erdenklichen Werbemitteln einsatzfähig sein. Dies ist eine Grundvoraussetzung für Corporate Identity.

Unabhängigkeit

Logo-Elemente (z.B. Name und Leistung) sollten möglichst voneinander unabhängig sein. Bei einer Veränderung im Leistungsangebot muß sonst das gesamte Logo verändert werden.

Vergrößerungs- und Verkleinerungsfähigkeit
Das Logo sollte extrem vergrößerungs- und verkleinerungsfähig sein. (Mit einem Kopiergerät läßt sich das gut überprüfen).

Schwarz/Weiß- und Positiv/Negativ-Umsetzung
Eine Positiv/Negativ-Umsetzung sollte genauso wie eine Schwarz/Weiß-Umsetzung machbar sein. Wichtig ist hierbei, daß die Umsetzung das ursprüngliche Abbild des Logos nicht zerstört.

Prägnanz
Der Name der Institution im Logo ist am wichtigsten. Deshalb muß er sich klar von den anderen Logoelementen abheben.

Eye-Catch
Das Logo sollte einen Eye-Catch (Blickfang) enthalten, damit es auffällig aus seinem Umfeld hervorsticht.

Corporate Design
Die Farben im Logo sind die Ausgangsfarben für das komplette Corporate Design.

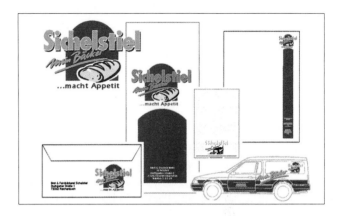

Inhaltliche Kongruenz
Das Logo sollte auch ohne Leistungsaufzählung im Erscheinungsbild der angebotenen Leistung entsprechen. Dies kann mit der Schrift (eckig, fett = Metallbau u.a.; geschwungene, runde, feine Schrift = Juweliere, Feinkostgeschäfte, Restaurants, Hotels usw.) oder durch stilistische Zusatzelemente bewerkstelligt werden.

3.4.1 Modifikation

Unter Modifikation verstehen wir die schrittweise Abwandlung oder zeitgemäße Anpassung eines Logos. Dies kann nötig sein, wenn das Erscheinungsbild mittlerweile abgenutzt oder antiquiert wirkt, oder wenn ein Unternehmen beispielsweise von einem anderen aufgekauft wird und jetzt langsam dem Markt unter einem neuen Namen präsentiert werden soll. Hier möchte man meistens noch von dem bereits vorhandenen Image profitieren und verändert nur langsam das schon bestehende Firmenbild. Durch den hohen Bekanntheitsgrad, den das alte Zeichen schon erreicht hat, wäre es töricht, es sofort durch ein neues zu ersetzen. Es sollte nur langsam und fast unmerklich verändert werden. Trotz der leichten Veränderung am Logo bleibt die aufgebaute Werbewirksamkeit erhalten. Ein Beispiel hierfür ist das Produkt „De Beukelaer Butterkeks", das durch nahezu unmerkliche Veränderungen des Logos zu einem neuen Erscheinungsbild gewandelt wurde.

Befassen wir uns nun einmal etwas eingehender mit einem solchen „grafischen Herausschleichen", wie man es formulieren könnte. Nehmen wir an, unsere Beispielfirma Schleicher hat eine über hundertjährige Tradition und ist eine erfolgreiche Schreinerei. Sie wurde von einem Schreinermeister namens Sauer übernommen. Da der Inhaber natürlich seinen eigenen Namen irgendwann einmal im Logo sehen möchte, aber trotzdem noch von dem guten Image des traditionsreichen Betriebes profitieren will, entscheidet er sich für die allmähliche Modifikation. Ihm stehen dafür zwei Möglichkeiten zur Verfügung: Die eine ist, das Logo in seiner ursprünglichen Form zu übernehmen und nur den alten Namen Schleicher durch seinen Namen Sauer zu ersetzen. Das Umfeld bleibt dabei unverändert, und das Logo wird sukzessive durch bedachtsame Eingriffe in seine endgültige Form gebracht.

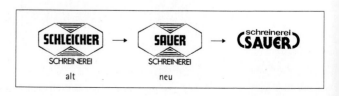

Die zweite Möglichkeit ist, den altvertrauten Namen Schleicher mit dem neuen zu kombinieren, sofern dies rechtlich möglich ist. Schritt für Schritt wird dann der alte Name herausgelöst. Durch die optische Verstärkung des neuen Namens und das Zurückdrängen des alten Namens kann man sich langsam von ihm trennen. Natürlich erfordert diese Vorgehensweise einen beträchtlichen Aufwand an finanziellen Mitteln, und sie eignet sich deshalb meistens nur für die Unternehmensbildgestaltung von Großunternehmen oder speziellen Produktgruppen, bei denen ein völliger Relaunch (Produktneueinführung eines bereits bestehenden Produktes, meist unter neuem Namen und neuer Verpackungsgestaltung) ausgeschlossen wird.

Am Beispiel „Agfa", einem weltberühmten Buchstabenzeichen, das aber als Wort (Akronym) gesprochen wird, können wir die Wandlungen des Logos im Laufe der Zeit sehr schön erkennen. Agfa ist ein Wortzeichen, das als Abkürzung aus „Aktien-Gesellschaft für Anilin-Fabrikation" entstanden ist. (Vgl. Klemz, W.: Markante Firmenzeichen, Hannover, S.6.) Um eine zeitgemäße Anpassung kommt kein Unternehmen herum, das über einen längeren Zeitraum erfolgreich am Marktgeschehen teilnehmen möchte. Diese Anpassung ist eine Notwendigkeit, die jedoch vielen Verantwortlichen in den Unternehmen immer noch nicht ganz bewußt ist.

Nun wollen wir noch etwas genauer auf ein paar Modifikationsmöglichkeiten eingehen. Im ersten Beispiel soll ein Logo in Aussagekraft bzw. optischem Schwerpunkt so verändert werden, daß es kaum auffällt. Sie sehen auf der nächsten Seite ein Zeichen mit gleich dicken Linien. Verändert man die Dicke oder die Füllung einzelner Linien, entsteht ein völlig anderer Eindruck vom vorher wahrgenommenen Zeichen. Das bedeutet, daß wir die Grundform oftmals gar nicht wesentlich zu verändern brauchen. Eine Verlagerung des optischen Mittelpunktes führt oft leichter und billiger zum Ziel.

STISI → STISI

Eine zweite Möglichkeit ist, die Grundstruktur zu belassen und nur ein neues Element hinzuzufügen. Im folgenden Beispiel hat der Gestalter die Grundstruktur des Bildzeichens der Werbefachlichen Akademie Baden-Württemberg nicht verändert. Nur durch eine Art illustrative Montage wurde versucht, dem Zeichen noch mehr Aussagekraft zu verleihen. Es soll durch Einbeziehen typischer Werbeelemente auf die Inhalte des Studiums hinweisen.

Eine dritte Möglichkeit (nächste Seite) stellt die Veränderung des Umfeldes dar. Lassen Sie das Logo wirken; erdrücken Sie es nicht. In einem neuen Umfeld wirkt ein altes Logo meist ganz anders. Unternehmen können sich oft nicht von unwichtigen grafischen Elementen trennen. Da noch ein Schnörkelchen, hier noch eine Farbe... Dies führt im werblichen Auftritt dann zu einem unansehnlichen Überangebot an optischen Reizen. Bedenken Sie außerdem, daß das Logo auf unterschiedlichen Flächen auch unterschiedlich wirkt. Die Fläche, auf der das Logo steht, und ihre Gestaltung tragen deshalb wesentlich zum Gesamterscheinungsbild bei. Deshalb beurteilen Sie ein Logo niemals nur separat als Entwurf, sondern immer im Einsatz auf verschiedenen Logoträgern (beispielsweise beschriftetes Briefblatt, Geschäftskarte, Fahrzeug, Firmenschild, aber auch Bildschirm des Fernsehers oder Computers). Dabei sollte sich die kritische Beurteilung nicht auf Printmedien beschränken, sondern auch elektronische Medien, wie etwa CD-ROM oder Online-Dienste, mit einbeziehen.

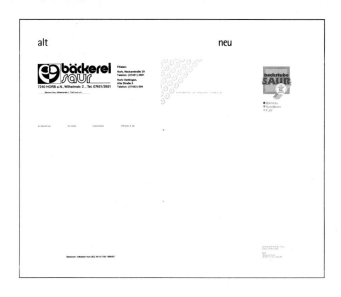

alt

neu

3.4.2 Der Geschmack bei der Logoentwicklung

Die Arbeit des Grafikers besteht im wesentlichen darin, einen bestimmten Sachverhalt zu visualisieren. Visualisierung bedeutet in unserem Fall, einen mehr oder weniger komplexen Zusammenhang in Zeichen darstellen zu müssen. Wichtig ist dabei, daß der Empfänger die Botschaft versteht. Deshalb steht hierbei auch der Grundsatz „weniger ist oft mehr" im Vordergrund.

Zur Visualisierung stehen dem Grafiker zwei grundsätzliche Möglichkeiten zur Verfügung: alphanumerische und bildhafte Zeichen oder aus beiden kombinierte Darstellungen. Alphanumerische Zeichen lassen sich mit Hilfe der Typografie darstellen. Bei der Bilddarstellung kommt es schon sehr auf den Gestalter an. Er bringt seine Erfahrungen in die Entwicklung eines informativen Zeichens ein. Deshalb ist es hier so schwer, allgemeingültige Regeln zu formulieren. Laien sprechen, weil es keinen besseren Maßstab gibt, bei der Beurteilung von grafischen Arbeiten immer noch von Geschmack.

Geschmack aber ist ein schillernder, unscharfer Begriff aus dem Bereich der Ästhetik, der nach heutiger Auffassung nicht objektiviert werden kann, dem man also jede Allgemeingültigkeit absprechen muß. Geschmack wandelt sich, man spricht von Zeitgeschmack. Es gibt nationale Unterschiede, was als geschmackvoll zu gelten hat. Dazu kommen noch gruppenspezifische (soziologische) Geschmacksvarianten, und auch der individuelle, aus der Persönlichkeitsentwicklung resultierende Geschmack, der sich im Laufe des Älterwerdens meist wandelt, spielt eine Rolle.

Der Grafik-Designer muß sich wohl oder übel bemühen, den Geschmack seines jeweiligen Auftraggebers zu „treffen". Sinnvoll ist zu diesem Zweck auf jeden Fall ein Gespräch mit dem Auftraggeber, aus dem sich für den erfahrenen Gestalter meist Anhaltspunkte ergeben, was von ihm erwartet wird, welche „Richtung" also die Gestaltung nehmen muß. Nur etablierte Grafik-Designer mit „großem" Namen können es sich leisten, konsequent ihrem eigenen Geschmack freien Lauf zu lassen. Allen anderen hilft allerdings manchmal Beredsamkeit, gepaart mit Menschenkenntnis und Einfühlungsvermögen, um den Auftraggeber schließlich zu überzeugen, daß sein Geschmack mit dem des Gestalters im Grunde genommen übereinstimmt.

3.5 Drucktechnische Probleme
Beim Drucken von mehrfarbigen Logos kann es zu drucktechnischen Problemen kommen. Es ist wichtig, einen Entwurf schon im voraus dahingehend zu überprüfen. Passerschwierigkeiten sind im nachhinein sehr kosten- und zeitaufwendig (viel Makulatur). Es folgen ein paar Beispiele und die daraus ableitbaren Verbesserungsvorschläge:

1. Problem
Mehrfarbige Linien, Rahmenformen, Konturen, die zu eng beieinander liegen, verursachen Passerschwierigkeiten. Wichtig: Mehrfarbige Linien, die ineinanderlaufen, sollte man möglichst vermeiden. Davon werden Sie niemals ein optimales Druckergebnis erhalten.

Alternative
Die Linien, Rahmenformen und Konturen nur in einer
Farbe darstellen! Durch verschiedene Rasterstufen
lassen sich genauso schöne Effekte zaubern. Kann man
auf die Mehrfarbigkeit nicht verzichten, so sollten die
Linien wenigstens einen angemessenen Abstand haben,
so daß sie auch bei extremer Verkleinerung noch
einzeln zu erkennen sind.

2. Problem
Stark vollflächige Logos führen im Fortdruck zu
Farbschwankungen.

Alternative
Durch Rasterflächen die Vollflächen ersetzen.

3.Problem
Farbgeteilte aneinandergrenzende Flächen, Formen und Schriften werden verzerrt gedruckt.

Alternative
Die aneinandergrenzenden Flächen, Formen und Schriften durch ausreichenden Freiraum trennen. Will man dies nicht, so bleibt noch die einfarbige Umsetzung mit Hilfe des Rasters.

4.Problem
Eingeschlossene Formen oder Schriften mit weißem Zwischenraum werden meist nicht in der gewünschten Position gedruckt.

Alternative
Entweder einfarbig mit eventueller Rastertrennung
oder ineinanderlaufende Fläche ohne Zwischenraum.

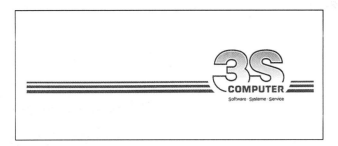

3.6 Checkliste

Wir haben gesehen, daß es bei der Entwicklung von
Logos nicht nur auf des Designers Intuition ankommt,
sondern auch auf dessen Kenntnisse in psychologischer,
drucktechnischer und gestalterischer Hinsicht. Die
Checkliste soll den Beteiligten – in der Regel Grafiker
und Auftraggeber – eine Möglichkeit zur Überprüfung
des Logos auf Tauglichkeit bieten, wobei subjektive
Gesichtspunkte unberücksichtigt bleiben.

Checkliste zur Tauglichkeitsüberprüfung eines Logos

	JA	NEIN
Ist das Logo 3-dimensional darstellbar?	O	O
Ist das Logo auch bei extremer Verkleinerung noch gut lesbar?	O	O
Wirkt das Logo auch bei extremer Vergrößerung noch optisch gleich?	O	O
Kann man das Logo in schwarz/weiß (Strich) umsetzen? (Wichtig für Zeitungsanzeigen, Telefax usw.)	O	O
Kann man das Logo in positiv-negativ umsetzen? (Erweitert die Möglichkeiten bei z.B. Schwarz/Weiß-Anzeigen)	O	O
Sind beim Logo wirklich nur die notwendigen Farben verwendet? (Jede Farbe mehr kostet Geld)	O	O
Bemerkt man im Logo bei spontaner Betrachtung einen Eye-Catch (Blickfang)?	O	O
Paßt die Schrift des Logos zur Branche?	O	O
Können die Farben des Logos auf das komplette Corporate Design übertragen werden? (Hausfarbe, Inneneinrichtung, Fahrzeuge usw.)	O	O
Hebt sich das Erscheinungsbild von denen der Mitbewerber ab?	O	O

	JA	NEIN
Sagt das Logo etwas über das Leistungsangebot aus? (Sind die Institutionsleistungen herausgestellt?)	O	O
Ist das Logo auch ohne Leistungszusatz werblich einsetzbar? (Sind Name und Leistungsaussage voneinander unabhängig?)	O	O
Ist das Logo wettbewerbsrechtlich unanfechtbar?	O	O
Ist das Logo aus der Ferne leicht erkennbar?	O	O
Ist das Logo aus geringer Entfernung leicht erkennbar?	O	O
Ist das Logo rasch auffaßbar? (Ohne irgendwelche Verzerrungen)	O	O
Ist das Logo leicht merkfähig? (Wird das Logo gut erinnert?)	O	O
Ist das Logo auf allen nur erdenklichen Werbemitteln einsetzbar?	O	O
Ist das Logo in eine „noblere" Variante für die Geschäftsleitung umwandelbar?	O	O
Ist das Logo zeitgemäß, aber keine modische Erscheinung? (Ist es langfristig einsetzbar, also zeitlos?)	O	O
Entspricht das Logo dem angestrebten Corporate Image?	O	O
Ist das Logo frei von drucktechnischen Schwierigkeiten?	O	O
Ist die Leistungsaufzählung nach Schwerpunkten geordnet? (Das Wichtigste steht am Anfang.)	O	O

GESAMT: _____

Je mehr Antworten mit Ja angekreuzt werden konnten, desto größer ist die Tauglichkeit des Logos. Einige Fragen lassen sich nicht so einfach aus dem Stegreif beantworten und bedürfen somit einer genaueren Analyse. Es wäre auch sinnvoll, die Checkliste mehreren Personen auszuhändigen. Wir können auf diese Weise subjektive Einflüsse weitgehend ausschalten.

4 Arbeitsvorbereitung

Im wesentlichen geht es bei der Arbeitsvorbereitung um die Beschaffung genauer Informationen über das zu gestaltende Logo. Genaue Angaben vom Kunden sind hierbei genauso wichtig wie eigene Recherchen. Sie ermöglichen dem Gestalter, ein nach Inhalt, Form und Funktion zweckentsprechendes Erkennungszeichen für die jeweilige Institution zu schaffen.

Nachfolgend sehen Sie ein Schaubild, das alle Schritte der Logoentwicklung auflistet.

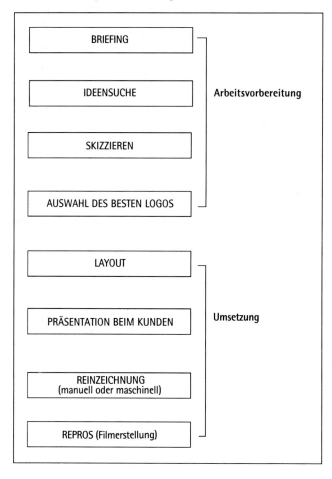

Logo-Produktionsablauf vom Briefing bis zur Reproduktion

4.1 Briefing

Das Briefing ist eine schriftliche Aufgabenstellung eines Auftraggebers für einen Auftragnehmer (Agentur, Grafiker, Marketingberater, Mediafachmann usw.). Der Auftragnehmer erhält dadurch grundlegende Informationen über die Institution und deren Umfeld. Je nach Aufgabe ist das Briefing inhaltlich noch zu verändern. Denn den Mediafachmann interessieren andere Faktoren als den Logogestalter. Das folgende Beispiel gibt Anregungen, welche Gesichtspunkte beim Briefing zu beachten sind.

KURZBRIEFING

Kunde:

Firmenwortlaut (Wie ist die Kurzbezeichnung der Institution, wie ist sie ins Handelsregister eingetragen?)

Leistung (Was stellt den Schwerpunkt der Leistungserstellung dar?)

Worin liegen die Vorteile gegenüber Mitbewerbern (Verkaufsvorteil) ?

In welcher Preislage bieten Sie Ihre Leistungen an (niedere, mittlere oder hohe Preislage) ?

Wie groß ist Ihre Institution (Mitarbeiterzahl, Tochtergesellschaften usw.)?

Welchen Marktanteil besitzen Sie in Ihrem Markt?

Wer sind Ihre größten Mitbewerber? (Logos beifügen)

Wie sieht die Entwicklung des Gesamtmarktes aus?

Mit welchen Werbemitteln betreiben Sie Werbung (Anzeige, Spot, Plakat usw.)?

Wer sind die vornehmlichen Abnehmer Ihrer Leistung (Zielgruppe) ?

Welche Farben spielen in Ihrem Bereich die Hauptrolle?

Welche Ausstrahlung hat die Institution nach außen?

Wie würden Sie gerne nach außen wirken (sachlich, modern, innovativ, zeitgemäß usw.)?

Sind irgendwelche Änderungen in der Zukunft geplant? (Fusionierung, Ausbau des Leistungsangebotes usw.)

Gibt es irgendwelche Einschränkungen? (Wettbewerbsrechtlich, bereits bestehende Farben, Wappen etc.)

Das Briefing ist unentbehrlich und stellt die Grundlage für die Arbeit des Grafik-Designers dar. Auf diese Weise bekommt er Daten über die Institution, die er dann bei der Gestaltung berücksichtigen kann.

Der Kundenberater sollte, bevor er das Briefing fertigstellt, eine Ist-Analyse über die Institution vorliegen haben. Seine Aufgabe ist es dann, zusammen mit dem Kunden ein Ziel zu formulieren, das die Umsetzung in ein kompaktes Leitbild ermöglicht.

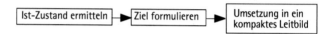

Dabei müßte zum Beispiel berücksichtigt werden, wie die Institution in Zukunft auftreten möchte, emotional oder eher sachlich; möchte sie ihr Image verändern oder gar neu gestalten. Das Schaubild auf der nächsten Seite soll verdeutlichen, wie man eine Ist-Analyse erstellen kann und wie sich daraus Zielformulierung und Leitbild entwickeln lassen.

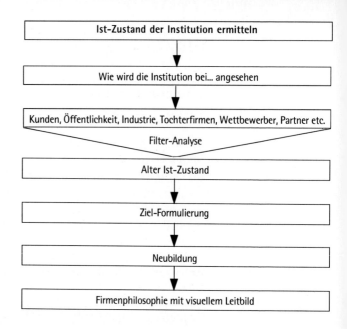

Ist-Zustand der Institution ermitteln

Wie wird die Institution bei... angesehen

Kunden, Öffentlichkeit, Industrie, Tochterfirmen, Wettbewerber, Partner etc.

Filter-Analyse

Alter Ist-Zustand

Ziel-Formulierung

Neubildung

Firmenphilosophie mit visuellem Leitbild

4.2 Ideensuche

Nach dem Briefing beginnt die eigentliche Arbeit für den Grafiker. Er wird nun versuchen, aus all den gewonnenen Informationen einige Logoscribbles aufs Papier zu bringen. Am einfachsten ist die Ideensuche, wenn man sich im Laufe der Zeit einen Ordner mit bereits gestalteten Logos angelegt hat. Diese können selbst oder von Designer-Kollegen entworfen sein. Hierbei kann man in Branchen (z.B. Elektronikbereich, Gaststättenbereich, Hotelbereich, Computerbereich usw.) unterteilen. Man findet Logos in allen möglichen Zeitschriften, Tageszeitungen, Wochenblättern, Informationsbroschüren usw. Nach dem Studium des Briefings kann der Designer dann den zutreffenden Bereich in seinem Ordner durchschauen. Meist kommen dabei dann auch irgendwelche Ideen. Natürlich sollte das ganze nicht so enden, daß man lediglich Plagiate produziert.

Weitere Anregungen bieten u.a. die diversen Schriftmusterbücher. Zum Beispiel kann man eine bestimmte Schrift aus dem Buch abpausen und sie anschließend modifizieren. Dadurch entwickeln sich oftmals überraschende Gebilde, die dann evtl. zu einer neuen Form generiert werden können.

Wer – wie heute gang und gäbe – am Bildschirm gestaltet, findet Anregungen, Tools und Collections mit einer Fülle von Schriften, Typoelementen, Schmuck, Ornamenten, Vignetten, Grafiken, Bildern, Texturen usw. auf den vielen, mittlerweile spottbilligen CD-ROMs. Zeichen- und Präsentationsprogramme, 3D-Grafiksoftware sowie nicht zu vergessen Schrifteditierprogramme wie z.B. Fontographer unterstützen und beschleunigen die Gestaltungsarbeit. Auch in den großen Standardprogrammen für Textverarbeitung (StarWriter, Word, WordPerfect) und Layout (Corel Ventura, MegaPress, PageMaker, QuarkXPress, VivaPress Professional) finden sich Funktionen, die zwar die Logogestaltung unterstützen, aber nicht die menschliche Kreativität ersetzen können. Gleiches gilt für Zeichenprogramme, z.B. Corel Draw, FreeHand, Illustrator. Mit ihrer Hilfe wird dann auch die „Reinzeichnung" angefertigt.

Für die Entwicklung von Bildzeichen kann es sich empfehlen, Modelle zu bauen. Mit Holz oder anderen Werkstoffen wird die Phantasie oft ganz ungemein beflügelt. Zum Beispiel basteln wir uns ein Viereck aus Holzstangen. Haben wir es fertig, so überlegen wir uns, was wir daran verändern könnten, so daß es sich von anderen unterscheidet. Zum Beispiel kleben wir eine Fläche mit schwarzem Karton zu. Die anderen bleiben noch durchsichtig. Anschließend fotografieren wir das Viereck aus verschiedenen Blickwinkeln. Sie werden überrascht sein, welch eindrucksvolle Ergebnisse dabei herauskommen. Im wesentlichen heißt es dann nur noch, das Objekt so zu verändern, daß es zur jeweiligen Institution paßt. Escher, ein großer Maler, der sich in seinen Bildern viel mit optischen Täuschungen auseinandergesetzt hat, kann als Ideenquelle gleichfalls Impulse geben.

In einigen Fällen findet man das richtige Logo schon anhand der bereits vorhandenen werblichen Auftritte. Es gilt dann lediglich eine Erweiterung, Überarbeitung, also Verbesserung, des bereits vorhandenen Werbeguts vorzunehmen.

Ein schwieriges Problem stellt noch die Leistungsfindung dar. Hier gilt es, in einem treffenden, einprägsamen Wort die Hauptleistung klar zu umreißen. Sie soll immer das Besondere, den Vorteil, gegenüber Mitbewerbern hervorheben. So gibt es unzählige

Firmen, die ihrem Namen nur eine allgemeine Leistungsdarstellung hinzufügen. Beispiel: Schmidt – Möbel. Besser wäre da schon: Schmidt – Wohnmöbel. Ein anderes Beispiel: Müller – Reisen. Besser wäre zweifellos: Müller – Erlebnisreisen.

4.3 Skizzieren

Der Grafik-Designer hat sich, wie im vorigen Abschnitt beschrieben, mit der Institution so weit auseinandergesetzt, daß er seine ersten Einfälle, grob gezeichnet, aufs Papier bringen kann. Diesen Arbeitsgang bezeichnet man dann als Skizze, Scribble (Gekritzel) oder Rough-Layout. Es geht hier nicht darum, eine maßstabsgerechte Zeichnung eines Logos anzufertigen, sondern eher darum, sich aus einer vielseitigen Ideensammlung die geeignetste herauszusuchen. In diesem Stadium entscheidet, ähnlich wie beim Brainstorming, nicht die Qualität, sondern die Quantität über die Findung eines geeigneten Logos. Nachfolgend sind nun ein paar Beispiele aufgeführt, die zeigen sollen, wie Skizzen in der Praxis aussehen.

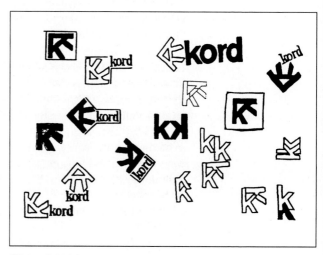

Skizzen-Beispiele

5 Umsetzung

Bei der Umsetzung geht es nun darum, die gewonnenen Ideen, die wir skizzenhaft festgehalten haben, so zu visualisieren, daß sie dem Kunden präsentiert werden können.

5.1 Layout

Das Layout ist eine verbindliche Darstellung, nach der sich die technische Umsetzung richten muß. Das heißt, es soll dem Fachmann genauso verständlich wie dem Laien ein detailgenaues Abbild simuliert werden, so daß sich der Auftraggeber das spätere Druckobjekt vorstellen kann. Dabei sollten auch schon die Farben festgelegt werden. Meist benutzt man zur Farbbestimmung, wenn das Druckobjekt nicht in 4 c* der Europaskala gedruckt wird, die Farben eines HKS-Fächers (Abkürzung für das Druckfarbensystem der Firmen Hostmann-Steinberg, K+E Druckfarben und Schmincke). Auch Pantone und andere Druckfarbenhersteller bieten eine große Auswahl an Sonderfarben. Wichtig ist allerdings, daß die Druckerei, die später das Druckobjekt vervielfältigen soll, über die im Layout festgelegten Farben verfügt. „Ein Layout muß fachgerecht angelegt sein und ist nur dann von Wert, wenn die Voraussetzungen und Möglichkeiten technischer Realisation genau beachtet werden. Es müssen z.B. bei einem typografischen Layout die Dimensionen der einzelnen Buchstaben in ihrer zeilenhaften Abfolge mit dem entsprechenden Raumbedarf exakt wiedergegeben werden, und sie dürfen nicht einem optischen Wunschbild zuliebe verfälscht, verengt oder gedehnt werden, was dann bei der Satzherstellung zu Enttäuschungen, Verärgerungen und nicht zuletzt Mehrkosten für notwendige Berichtigungen führt. Exaktes Layout einer Drucksache erfordert deutliche, unmißverständliche Kennzeichnung aller satztechnischen und herstellungstechnischen Merkmale, Abstimmung auf Normgrößen der Papierfabrikation sowie auf Seitenzahl, Nutzen und Gesamtumfang. Außerdem sind Druckgänge und buchbinderische Weiterverarbeitung zu berück-

---

[*]4 c ist hierbei die Kurzbezeichnung für die im Mehrfarben-Offsetdruck fast ausschließlich verwendeten Farben: Gelb, Magenta, Cyan und Schwarz für die Tiefenzeichnung nach DIN 16539.

sichtigen." (Weissbrodt, W.: Lexikon der Werbung, Hrsg. Pflaum, D., Bäuerle, F., Landsberg am Lech 1988, S. 194.) Auch bei der Anfertigung des Layouts wird in der Regel Computerunterstützung in Anspruch genommen.

5.2 Präsentation

Die Präsentation vor dem Kunden ist der entscheidende Augenblick für den Verkauf eines neu entwickelten Logos. Dabei spielt die optische Darbietung genauso eine Rolle wie die Erklärung der grafischen Inhalte. Wir müssen dem Auftraggeber also eine Problemlösung anbieten, die ihn überzeugt. Zur optischen Verfeinerung gehört es zum Beispiel, das Layout auf einen schwarzen Karton zu kleben und mit einer transparenten Folie abzudecken. Es empfiehlt sich außerdem, einige Anwendungsbeispiele zu präsentieren, d.h. das Logo auf verschiedenen Werbemitteln (Anzeige, Prospekt, elektronisches Medium, Außen- und Fahrzeugbeschriftung usw.) im Einsatz zu zeigen. Für die inhaltliche Erklärung ist es wichtig, daß sich der Kontakter mit dem Grafiker über die Idee unterhält, die er in das Logo projiziert hat. Ein paar Notizen können für die spätere Präsentation nicht schaden.

In diesem Zusammenhang sei noch ein allgemeines Problem angesprochen. In der Regel sieht es so aus, daß Entwürfe von einem Kontakter beim Kunden präsentiert werden. Das ist aber nur ausnahmsweise zu empfehlen. Man hört in den Agenturen oftmals als Begründung, Grafiker könne man nicht zu Kunden schicken. Das ist doch eigentlich eine Beleidigung. Kontakter können vielleicht besser reden, doch in der Regel haben sie von dem, was sie verkaufen, wenig Ahnung. Denn man kann doch eigentlich nur über etwas kompetent sprechen und urteilen, das man auch selbst zu realisieren vermag. Es wäre sicherlich einfacher, den Grafikern das Argumentieren als den Kontaktern das Gestalten beizubringen. Man kann allerdings schon in einigen Agenturen einen Umdenkungsprozeß zugunsten der Kreativen erkennen. Dann gäbe es zukünftig auch besser qualifizierte Arbeitskräfte in den Agenturen. In kaum einem anderen Beruf tummeln sich leider noch immer so viele unqualifizierte Leute wie in der Werbung. Bei den Ärzten fordert man bestimmte Voraussetzungen (Studium, Berufspraxis usw.), bevor sie praktizieren dürfen. In der Werbung hingegen darf jeder, der mitreden zu können glaubt, weil er zum Beispiel ein Buch von Ogilvy, Stankowski oder Pflaum gelesen hat, seine Karriere ohne Eignungsnachweis starten.

5.3 Reinzeichnung

Die Reinzeichnung ist die reproduktionsfähige Vorlage eines Druckobjektes. Sie wird in der Druckerei zur Druckformherstellung benötigt. Die Reinzeichnung entsteht nach den Vorgaben des Layouts. Sie ist die exakte Standmontage für Text und Bild. In der Reinzeichnung sind daher Satz und Bilder endgültig positioniert. Da die Reinzeichnung als direkte Vorlage für die Film- bzw. Druckformherstellung dient, wird sie nur in schwarzweiß ausgeführt, und zwar unabhängig davon, in welcher Farbe später gedruckt werden soll.

(Vgl. Bunkowski, H.: Lexikon der Werbung, Hrsg. Pflaum, D., Bäuerle, F., Landsberg am Lech 1988, S. 329-330.)

Je nach Weiterverarbeitung eignet sich für die einst übliche reprofotografische Umsetzung ein stabiler Zeichenkarton, für die elektronische Reproduktion mit dem Scanner besser ein dünnerer, flexibler Zeichenkarton. Wie schon erwähnt, wird die „Reinzeichnung" aber zunehmend mit Hilfe leistungsstarker Standardprogramme wie Corel DRAW, FreeHand, Illustrator oder PhotoShop am Bildschirm ausgeführt. Daher ist es nicht mehr zwingend notwendig, eine physische (materielle) Reinzeichnung anzufertigen; es genügt die physikalische (immaterielle). Genauer gesagt, es genügen die digitalen Daten der am Computer erstellten Reinzeichnung, die auf Film ausbelichtet oder im Computer-to-Plate-Verfahren (CTP) direkt auf eine Druckplatte übertragen werden. Wir kommen auf diese neue Technologie im Abschnitt Desktop Publishing noch zurück.

5.4 Imitationsschutz

Gestalterische Elemente wie Logos, Slogans oder gar Konzeptionen finden oftmals Nachahmer, die den fremden Erfolg für sich selbst ausnutzen wollen. Es stellt sich dabei dann die Frage, wie die eigene Idee gegen eine solche Nachahmung geschützt werden kann.

Für Werbeagenturen und grafische Studios gibt es im Wettbewerbsrecht wichtige Vorschriften, welche die Arbeiten der Designer vor unerlaubter Nachahmung schützen.

Ausstattungsschutz: Die Aufmachung von Waren, Packungen und Drucksachen kann, wenn sie einem Unternehmen eindeutig zuzuordnen ist, geschützt werden. (Kopf einer Zeitschrift, Flaschenform bei Odol usw.)

Warenzeichenrecht: Grundlage ist das Warenzeichengesetz (WZG), das es ermöglicht, Marken-Logos schützen zu lassen. Schutzfähig sind Wort-, Buchstaben-, Bild-, Zahlen- oder kombinierte Zeichen. Man kann sie in die Warenzeichenrolle (beim Patentamt München) mit einem Schutz von 10 Jahren eintragen lassen. Der Schutz läßt sich nach Ablauf immer wieder um 10 Jahre verlängern. Die Kosten liegen bei etwa 2000.- bis 4000.-DM.

Marken, Signete und Warenzeichen unterliegen den internationalen Gesetzen zum Schutze des geistigen Eigentums. Sie sind gemäß den Urheberrechtsvereinbarungen vor Nachahmung geschützt. Wenn man sicher ist, einen urheberrechtlich einwandfreien Entwurf zu besitzen, der noch nirgendwo in ähnlicher Form existiert, sollte man für dieses Zeichen nationalen und evtl. auch internationalen Warenzeichenschutz beantragen
Die Zeichenrolle ist ein beim Patentamt in München geführtes Register, in das angemeldete Warenzeichen eingetragen werden können. Es werden hier sämtliche Daten wie Inhaber, Anmeldedatum, Schutzdauer usw. festgehalten. Die Eintragung begründet ein formelles Zeichenrecht.

5.5 Kosten bei Fremdentwicklung
Die Kosten bei Fremdentwicklung können stark differieren. Es gibt im Grafik-Design keine Einheitspreise, schon bedingt durch den Individualismus, der jeder Gestaltung eigen ist, und auch durch den unterschiedlichen Aufwand für die Realisation . Eine gewisse Hilfe kann die vom *Bund Deutscher Grafik-*

Designer mit dem Titel „Honorare und Konditionen im Designbereich" herausgegebene Broschüre bieten. Hierbei wird in vier Kategorien bei der Berechnung unterteilt: Auftraggeber, Entwerfer, Leistung und Nutzung. Die einzelnen Faktoren werden addiert bzw. multipliziert, so daß am Ende ein bestimmter Betrag herauskommt. Dieser Betrag ist aber lediglich eine unverbindliche Empfehlung und kann somit nur als Anhaltspunkt dienen. Siehe die beiden Abbildungen (verkleinerte Wiedergabe) auf den Seiten 140 und 141 (aus BDG: Honorare und Konditionen im Designbereich, Düsseldorf 1989, S. 12–13).

Meist werden von Agenturen Komplettpakete angeboten. Sie umfassen zum Beispiel zwei oder drei Logoentwürfe mit zwei, sechs oder acht Anwendungsbeispielen. Bei den Anwendungsbeispielen kann sich der Kunde dann oftmals aussuchen, welche Werbeträger er mit dem Logo komplett neu gestaltet haben möchte: Briefblatt, Geschäftskarte, Rechnungsformular, Aufkleber, Fahrzeugbeschriftung etc. Die Preise bewegen sich hierbei je nach Aufwand zwischen ca. 8 000 bis 50 000 DM und mehr.

1 Auftraggeber

Grundvergütung pro Stunde, bezogen auf die unterschiedliche wirtschaftliche Bedeutung des Auftraggebers

2 Entwerfer

Multiplikator entsprechend dem Marktwert des Entwerfers

3 Leistung

Die Leistungsfaktoren sind Richtwerte, sie basieren auf dem durchschnittlichen Zeitaufwand in Stunden bei Aufträgen üblichen Umfangs und mittlerer Schwierigkeit

---

Kategorie I
100 %
Grundvergütung DM 78,–

**(100-%-Basis
der ausgedruckten
DM-Vergütungsansätze)**

Kategorie II
85 %
Grundvergütung DM 66,30

(die ausgedruckten
DM-Vergütungsansätze
sind um 15 % zu reduzieren)

Kategorie III
70 %
Grundvergütung DM 54,60

(die ausgedruckten
DM-Vergütungsansätze
sind um 30 % zu reduzieren)

Faktor 1,0 = 100 %

Der Faktor 1,0 ist der angemessene Grundwert für einen Grafik-Designer guter Qualifikation und Erfahrung; er dient als Orientierungshilfe für die individuelle Einstufung.

Ein höherer Entwerfer-faktor als 1,0 (100 %) erfordert eine ent-sprechende Anhebung ausgedruckter DM-Vergütungsansätze.

*(Beispiel: Entwerfer-faktor 1,5 (150 %)
= Anhebung um 50 %)*

**Entwurf eines Signets,
eines Bild- oder Wortzeichens**
(Firmenzeichen, Firmenschriftzug,
Dienstleistungszeichen, Produktmarke u. a.)

angemessen kleinerer Aufwand	16,0
angemessen mittlerer Aufwand	24,0
angemessen größerer Aufwand	36,0

Re-Design (Überarbeitung)
eines bestehenden Signets,
Bild- oder Wortzeichens   12,0

*Entwurf eines Signets, eines Bild- oder Wort-zeichens für Auftraggeber der Kategorie III
= Grundvergütung DM 54,60/Stunde*   16,0

Die Nutzungszuordnung leitet sich aus der räumlichen Ausrichtung der Geschäftstätigkeit des Auftraggebers ab.

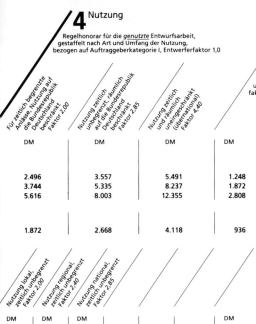

4 Nutzung

Regelhonorar für die *genutzte* Entwurfsarbeit, gestaffelt nach Art und Umfang der Nutzung, bezogen auf Auftraggeberkategorie I, Entwerferfaktor 1,0

5

Abschlagshonorar für die *nicht genutzte* Entwurfsarbeit, bezogen auf Auftraggeberkategorie I und Entwerferfaktor 1,0

Für zeitlich begrenzte Anlässe, Nutzung auf die Bundesrepublik Deutschland beschränkt Faktor 2,00	Nutzung zeitlich unbegrenzt, räumlich auf die Bundesrepublik Deutschland beschränkt Faktor 2,85	Nutzung zeitlich und räumlich uneingeschränkt (übernational) Faktor 4,40	
DM	DM	DM	DM
2.496	3.557	5.491	1.248
3.744	5.335	8.237	1.872
5.616	8.003	12.355	2.808
1.872	2.668	4.118	936

Nutzung lokal, zeitlich unbegrenzt Faktor 2,00	Nutzung regional, zeitlich unbegrenzt Faktor 2,40	Nutzung national, zeitlich unbegrenzt Faktor 2,85			
DM	DM	DM			DM
1.747	2.098	2.491			874

Das Wesen des Signets (Zeichen, Marke) als visuelle Konstante eines Unternehmens und seiner Produkte liegt in der Anwendungsvielfalt. Deshalb ist letztere üblicherweise Vertragszweck. Eine Beschränkung auf bestimmte Nutzungsanwendungen wäre der vereinbarungsbedürftige Sonderfall.

Ein signethaftes Gestaltungselement innerhalb eines Kommunikationsmittels (z. B. innerhalb eines Briefbogens) rechtfertigt nur dann die Abrechnung als Signet, wenn der Auftraggeber das Gestaltungselement auch außerhalb des Kommunikationsmittels als Signet übernehmen will. Andernfalls bleibt es Gestaltungsbestandteil des Kommunikationsmittels (z. B. des Briefbogens).

Eine zeitliche und/oder räumliche Nutzungsbeschränkung ist nicht ungewöhnlich, sie bedarf gleichfalls der Vereinbarung.

Die Gestaltung von Zeichen und Marken für Konzerne, große Markenartikler u. a. ist meist mit großem Aufwand für Recherchen, Entwurfsarbeit und Präsentation behaftet. Entsprechend höhere Leistungs- und Nutzungsfaktoren als ausgedruckt können gerechtfertigt sein.

Beim Entwurf von Signets sollte der Designer für die wettbewerbs- und warenzeichenrechtliche Zulässigkeit und Schutzfähigkeit eine Haftung ausschließen (vgl. Ziffer 6.1 der BDG-Vertragsbedingungen).

Gesonderte Berechnung nach Anfall und Aufwand: Werkzeichnung, Text, Foto oder Illustration, Zusatzleistungen, Abwicklungsarbeiten, Beratung, Besprechungen, technische Nebenkosten

Signet, Bild- oder Wortzeichen, Marke

5.6 Der Markt im Logoentwicklungsbereich

Immer mehr Institutionen erkennen die Wichtigkeit eines durchgestylten Erscheinungsbildes. Um sich überhaupt noch in der Flut der Informationen einen Weg zu den Adressaten bahnen zu können, bedarf es eines durchdachten, einheitlichen Werbekonzeptes. Das Logo als Werbekonstante dient hierbei als Wiedererkennungsmerkmal, und es muß auf allen nur erdenklichen Werbeträgern einsetzbar sein. Es wird einleuchten, daß hierbei kompetentes Fachwissen über alle möglichen Logoträger genauso gefragt ist wie gestalterischer Ideenreichtum. Nur sehr intensive Beschäftigung mit der auftraggebenden Institution kann zu einem befriedigenden Ergebnis führen. Skepsis ist angebracht bei Grafik-Designern oder Werbeagenturen, die auf die Schnelle eine billige Problemlösung anbieten, ohne sich genauestens über die Institution informiert zu haben, für die sie arbeiten sollen. Auftraggeber sparen nicht nur Geld, sondern letztendlich auch kostbare Zeit, wenn sie überlegt vorgehen und die Logogestaltung nicht übereilt vergeben.

Ein durchdachtes Logo setzt sich verhältnismäßig schnell im Markt durch. Natürlich kommt es dann auch auf die Intensität beim Werbeeinsatz an.

Viele Agenturen und Grafik-Designer haben sich auf den Bereich der Firmenbildentwicklung spezialisiert. So etwa Otl Aicher (Beispiel „Erco"), der ein ganz herausragender Designer war. Weiter sind in diesem Zusammenhang zu nennen: Anton Stankowski mit „Viessmann", Bernhard Siegle mit alter Form von „Stuttgarter Versicherung", Paul Rand mit „IBM"etc. Es sind durchweg Designer, die Auftraggeber dank ihrer langjährigen Erfahrungen bei der Logoentwicklung sehr effektiv beraten können.

Der Markt für Logoentwicklung ist noch längst nicht ausgereizt. Dies beweist nicht zuletzt das wachsende Interesse vieler mittelständischer und sogar kleiner Unternehmen. Es ist also ein junger Markt für Grafik-Designer und Werbeagenturen. Warum es für Kreative durchaus lohnend sein kann, sich auf diesem Gebiet zu spezialisieren und zu engagieren, zeigt das folgende Schaubild auf der Seite 143. Dabei sind zwei Gruppen von Auftraggebern zu unterscheiden.

Die eine Gruppe stellt die Neugründer dar, die beim Einstieg ein Firmenbild benötigen. Wer sich dann im Markt durchsetzt, zählt zur zweiten Gruppe. In dieser finden sich Institutionen, die etabliert sind.

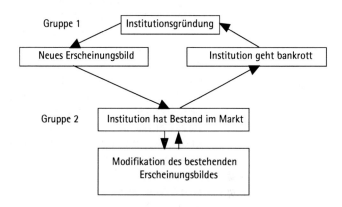

6 Logo-Beispiele

Im folgenden wollen wir einige Logos vorstellen. Diese Beispiele gelungener, in der Praxis bewährter Logos, können Ihnen als Anhalt für die Beurteilung eigener Entwürfe dienen. Sie stammen aus drei Bereichen: Handwerk, Dienstleistung und Handel.

Alle Logos sind in ihren Originalfarben wiedergegeben, drei von ihnen zusätzlich auch noch einfarbig schwarz. Wie bereits auf Seite 108 ausgeführt, werden viele Anzeigen in Zeitschriften und die meisten in Tageszeitungen immer noch einfarbig gedruckt. Daher müssen vielseitig einsetzbare farbige Logos auch in der Beschränkung auf eine Farbe ihren Zweck ohne Abstriche erfüllen. Farben werden bei Schwarzweiß-Wiedergabe in Grautöne umgesetzt. Diese Grautöne sollen sich in Helligkeit und Kontrast ähnlich unterscheiden wie die zugrundeliegenden bunten Farben, damit die Anmutungsqualität gleich bleibt, und zwar unabhängig von der Druckwiedergabe.

Schwarzweiß-
Umsetzung zu

Logo-Beispiel Nr. 1

Logo-Beispiel Nr. 29

Logo-Beispiel Nr. 39

6.1 Handwerk: Abbildungen 1 bis 3

6.1 Handwerk: Abbildungen 4 bis 6

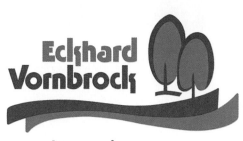

garten- und
landschaftsbau

Innenausbau
Küchenbau

Möbel nach Mass
Restaurationen

Medizinischer
Strahlenschutz

Ladenbau
Montagen

6.1 Handwerk: Abbildungen 7 bis 9

147

6.1 Handwerk: Abbildung 10

148

6.1 Handwerk: Abbildungen 11 bis 13

6.2 Dienstleistung: Abbildungen 14 bis 16

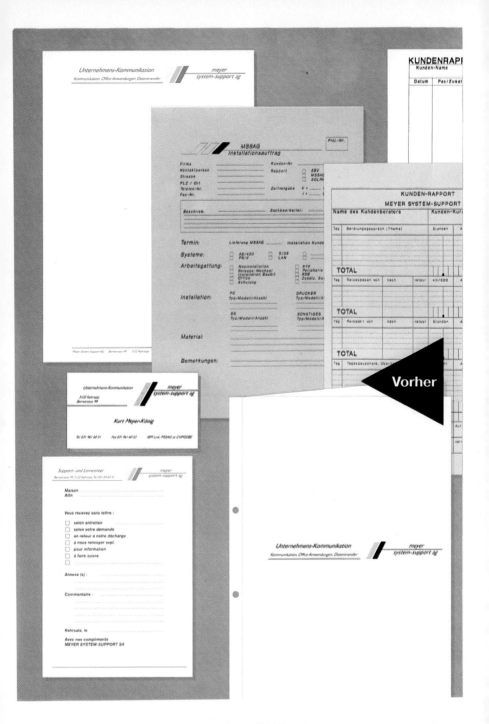

6.2 Dienstleistungen: Abbildung 17a

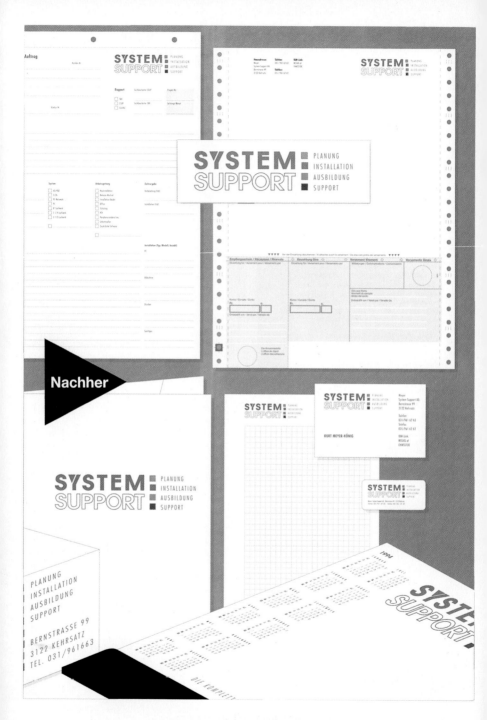

6.2 Dienstleistungen: Abbildung 17b

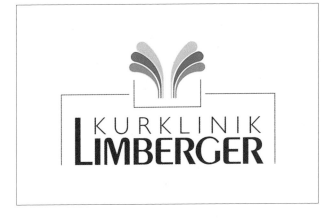

6.2 Dienstleistungen: Abbildungen 18 bis 20

Eine Frage des Anspruchs

Jedlitschka &
Baumgärtner

Immobilien und
Bauträger GmbH

6.2 Dienstleistungen: Abbildungen 21 bis 23

6.2 Dienstleistungen: Abbildungen 24 bis 26

6.3 Handel: Abbildungen 27 bis 29

6.3 Handel: Abbildungen 30 bis 32

6.3 Handel: Abbildungen 33 bis 35

6.3 Handel: Abbildungen 36 bis 38

6.3 Handel: Abbildungen 39 bis 41

III ANHANG

1 Arbeitsgeräte und Arbeitsmaterial

Wir werden uns in diesem Abschnitt mit den wichtigsten Arbeitsgeräten und Materialien des Grafik-Designers beschäftigen. Für Ihre Arbeit werden Sie wahrscheinlich nicht alle benötigen. Doch erwarten Sie sicherlich wenigstens einen groben Überblick über das notwendige Gerät und dessen Einsatzgebiete. Gute Arbeitsgeräte und Materialien erleichtern zwar die Arbeit, Gestalten jedoch erfordert noch etwas mehr – nämlich Kreativität. Sie kann niemals durch noch so perfekte Computer, Programme oder Geräte ersetzt werden. Deshalb betrachten Sie diese Geräte und Materialien lediglich als Hilfsmittel, um Ihre Kreativität visuell sichtbar zu machen.

1.1 Arbeitsgeräte des Grafik-Designers

Bleistift

In vielerlei Hinsicht stellt der Bleistift das Grundutensil für Grafiker dar. Ein großer Vorteil ist, daß Bleistiftstriche schnell mit einem Radiergummi korrigierbar sind. Daher eignet er sich vorzüglich zum Skizzieren und Vorzeichnen. Es gibt ihn in den Härtegraden:
Weich: B, 1B, 2B, 3B, 4B, 5B, 6B, 7B, 8B, 9B, 10B
Mittel: F, HB
Hart: H, 1H, 2H, 3H, 4H, 5H, 6H, 7H, 8H, 9H, 10H
Für grobes Skizzieren eignet sich eher eine weichere Mine. Härtere Minen sind besser für technische und für feinere Zeichnungen. Aus wirtschaftlicher und praktischer Sicht empfiehlt sich die Verwendung eines Minenhalters. Hiermit kann man die gewünschte Mine durch Knopfdruck einfach austauschen. Im Handel erhält man für diese Minenhalter auch spezielle Minenspitzer. Zum Anspitzen der Minen können Sie aber auch ein einfaches Schleifpapier benützen.

Buntstift

Der Buntstift wird beim Logoentwerfen meistens zur farbigen Umsetzung von Rasterflächen benützt. Mit ihm lassen sich Rasterstufen skizzenhaft simulieren.

Filzstift

Viele Grafiker verwenden ihn genauso wie den Bleistift für das grobe Skizzieren. Durch die vielen Farben, die es inzwischen auf dem Markt gibt, sind der Kreativität keine Grenzen mehr gesetzt. Angeboten werden sogar Filzschreiber mit druckidentischen Farben (z.B. HKS, Pantone). Diese Farben erleichtern es Entwerfer und Auftraggeber, sich das spätere Druckobjekt schon beim Skizzieren vorzustellen.

Tuschestift
Es handelt sich – ähnlich wie bei einem Füller – um einen Stift, der eine Tuschepatrone enthält. Er eignet sich am besten für technische Zeichnungen, läßt sich aber auch zum Schreiben von Buchstaben benützen. Man erhält ihn in verschiedenen austauschbaren Strichstärken, beispielsweise 0,18 mm, 0,25 mm, 0,70 mm.

Ziehfeder
Sie wird vorwiegend für gerade, exakte Linien benützt. Die Strichstärke läßt sich mit dem Drehverschluß verändern. Am besten eignet sich Perltusche oder stark verdünnte Temperafarbe zur Füllung. Der Umgang mit ihr ist nicht ganz einfach und sollte ein paarmal geübt werden.

Schreibfeder
Die unterschiedlichsten Federstärken und -arten stehen hier dem Grafiker zur Verfügung. Zum Schreiben eignet sich, genauso wie bei der Ziehfeder, mit Wasser verdünnte Perltusche oder Temperafarbe. Die einzelnen Federn lassen sich leicht in den Federhalter einsetzen und austauschen.

Zirkel
Mit einem Bleistift oder Federaufsatz im Zirkel lassen sich exakte Kreise ziehen. Am besten eignet sich ein feststellbarer Zirkel. Er gewährleistet sicheres und genaues Arbeiten.

Pinsel
Es gibt sie in den unterschiedlichsten Ausführungen. Für detailreiche Arbeiten eignen sich besser spitze, dünne Pinsel. Zum Ausfüllen größerer Flächen sind flache, dicke Pinsel geeigneter. Wir verwenden sie außerdem zum Füllen von Ziehfeder und Zirkel.

Skalpell
Das Schneidemesser benötigt man zum korrekten
Ausschneiden von Buchstaben aus Farbpapier, Folie
usw.

Rasierklingen
Überstehende Linien oder mißlungene Tusche- oder
Temperaarbeiten lassen sich damit leicht vom
Untergrund abkratzen.

Kleber
Am besten eignet sich für das Papierkleben der
Fixogum-Kleber. Überschüssige Klebereste lassen sich
sehr leicht wieder abrubbeln. Außerdem können einmal
geklebte Papierstückchen einfach wieder entfernt
werden. Er ist also ideal für das Klebelayout. Einfacher
in der Handhabung, aber leider gesundheitsschädlich,
ist Sprühkleber. Sollte man nicht im Besitz einer
Absaugeinrichtung sein, so nehme man lieber mit
lösemittelfreien streichbaren Klebern vorlieb.

Wasserfarben
Es gibt eine Vielzahl von wasserlöslichen Farben. In der
grafischen Praxis verwendet man meist normale
Wasser-, Plaka-, Aquarell- oder Temperafarben.
Plakafarben eignen sich für jeden Untergrund; sie
haben starke Deckfähigkeit, wirken aber etwas stumpf.
Aquarellfarben sind relativ teuer und werden in der
Regel nur für Illustrationen verwendet. Die Aquarell-
technik ist eine spezielle, „wäßrig" wirkende Malweise.
Es lassen sich hiermit sehr schöne Effekte erzielen. Die
Temperafarben zählen zu den meistgebrauchten. Ihre
Leuchtkraft ist stärker als die von Plakafarben; und sie
sind auch im getrockneten Zustand noch wasserlöslich.
Außerdem können sie in der Spritzpistole verwendet
werden.

Spritzpistole (Airbrush)
Wenn man spezielle Effekte, Illustrationen, Verläufe
oder Rasterflächensimulationen erzielen will, ist die
Spritzpistole das ideale Arbeitsmittel. Illustratoren und
Retuscheure arbeiten schon seit vielen Jahren mit ihr.
Für die verschiedenen Einsatzgebiete gibt es unter-
schiedliche Düsen mit verschiedenen Spritzstärken.

Man kann spezielle Spritzpistolen- oder Temperafarben verwenden.

Typomaß (Typometer)
Das Typomaß ist ein unentbehrliches Hilfsmittel für Setzer und Grafiker. Es hilft beim Messen und Festlegen von Schriftgrößen. Neben den verschiedenen Punktgrößen enthält er noch Zeilenabstände in typografichen Maßen, Millimeter- und Zentimeterangaben.

Winkel
Kleinere und größere rechte Winkel benötigt der Grafiker zum exakten Linienziehen. Zwei rechte Winkel aneinandergelegt, unterstützen rechtwinkliges und parallelverschobenes Arbeiten. Am besten eignen sich durchsichtige Winkel. Man kann damit Punkte besser anvisieren. Zum Schneiden mit einem Skalpell eignen sich Metallwinkel besser.

Ellipsen-, Kurven- und Kreisschablone
Sie erleichtern die Arbeit bei der Schriftgestaltung. Nachteilig gegenüber dem Zirkel sind die fest vorgegebenen Durchmesser.

Zeichenbrett
Das Zeichenbrett dient als Unterlage für maßgenaue Zeichnungen. Das in Rillen verschiebbare Lineal kann fest arretiert werden und dadurch sicheres und genaues Arbeiten ermöglichen.

Kopierer
Der Kopierer ist heute ein unersetzliches Standardwerkzeug auch für den Grafik-Designer. Mit seiner Hilfe lassen sich schnell Vergrößerungen, Verkleinerungen und Modifikationen vom Original herstellen. Man unterscheidet Schwarzweiß-Kopierer, Schwarzweiß-Kopierer mit austauschbaren Farbkartuschen und Farbkopierer. Letztere sind schon so ausgereift, daß man kaum noch einen Unterschied zwischen Original und Kopie feststellen kann.

Thermo-Color-Verfahren
Um Schwarzweiß-Kopien in farbige Vorlagen zu verwandeln, bietet z.B. die Firma Letraset das Thermo-

Color-Verfahren an. Dabei wird eine Fotokopie oder ein Laserdruck auf eine hitzebeständige Unterlage gelegt. Aus einer speziellen Farbfolie wird ein Stück herausgeschnitten. Dieses Stück legt man nun über die einzufärbende Stelle der Kopie. Mit einem erhitzten Thermoroller o. ä. gleitet man gleichmäßig über die Folie. Danach zieht man den Folienstreifen vorsichtig von der Kopie ab, und die Einfärbung ist abgeschlossen. Es steht bei diesem Verfahren eine breite Vielfalt an Farbfolien zur Verfügung. Bei der Color-Transfer-Maschine (Omnicrom) wird die Farbfolie mit einem Klebestreifen an der Kopie befestigt. Die Kopie wird anschließend in die Maschine eingeführt, wo sie durch erhitzte Walzen gepreßt wird. Ist die Kopie wieder herausgekommen, so braucht man die Farbfolie nur noch vorsichtig vom Papier zu entfernen.

Anreibebuchstaben
Letraset, Mecanorma sind unter anderen Hersteller von Anreibebuchstaben mit einem einst reichhaltigen Angebot an Schriften und anderen Zeichen. Mittlerweile ist das Schriftanreiben aber von der rationelleren DTP-Technik verdrängt worden. Die auf eine Trägerfolie gedruckten Bildmotive sind mittels eines Reibers, mit dem man auf der Rückseite des gewünschten Motives reibt, auf ein Stück Papier, Karton oder sonstigen Bedruckstoff übertragbar. Die Buchstaben eignen sich zur schnellen Satzerstellung, vor allem für kurze Passagen wie bei einem Logo, wofür man meistens nur einen Namen abrubbeln muß. Durch Modifikation des abgerubbelten Schriftbildes lassen sich ähnlich einfach wie mit dem Computer Logos entwickeln.

1.2 Papier
Nach der allgemeinen Übersicht über die grafischen Arbeitsgeräte wenden wir uns nun einem ganz unentbehrlichen Material für jeden Grafik-Designer zu, dem Papier. Grundsätzlich unterscheidet man beim Papier holzhaltiges und holzfreies. Diese Papiersorten werden dann wiederum in verschiedene Gewichtsklassen nach g/m^2 unterteilt. In der Praxis wird der Begriff „holzfrei" oft falsch interpretiert. Ein gewisser Anteil „Holz" ist auch in „holzfreien" Papieren enthalten. Der Unterschied besteht lediglich darin, daß

holzhaltige Papiere auf mechanisch zerkleinertem Holz (Holzschliff) und holzfreie Papiere auf chemisch aufbereitetem Holz (Zellstoff) basieren. Holzhaltige Papiere haben den Nachteil, daß sie im Laufe der Zeit durch einen Restgehalt an Lignin, einem lichtempfindlichen Holzbestandteil, vergilben.

Skizzierpapier
Für skizzenhaftes Zeichnen eignet sich am besten undurchsichtiges weißes oder Transparentpapier. Mit letzterem läßt sich, bedingt durch die Transparenz (Durchsichtigkeit), besser durchpausen. Das Transparentpapier gibt es in den Gewichten: 24, 35, 45 g/m^2 in einzelnen Bogen oder auf Rollen. Hochtransparente und maßhaltige Spezialtransparentpapiere sind ebenfalls als Bogen oder auf Rollen von 70-145 g/m^2 erhältlich. Bei normalem weißem Zeichenpapier empfiehlt sich ein Flächengewicht von 60-80 g/m^2. Zu jeder Malart (Bleistift, Kohle, Tusche, Kreide, Aquarell usw.) gibt es unterschiedliche Spezialpapiere, die für das Skizzieren schon wegen der höheren Anschaffungskosten nicht zu empfehlen sind.

Reinzeichnungskarton
Er wird zur maßhaltigen Umsetzung einer Skizze in eine reproreife Vorlage verwendet. Es gibt ihn in unterschiedlichen Dicken von 0,5-3,2 mm und in unterschiedlichen Gewichten von ca. 100-300 g/m^2. Für unsere Arbeit eignet sich am besten ein glatter 200-g/m^2-Karton. Wichtig ist, daß er sich beim Arbeiten mit Tusche oder Farben, die Wasser enthalten, nicht wellt oder verzieht.

Zum Abschluß wollen wir uns noch mit den DIN-Formaten befassen. Sie sollte jeder Grafiker kennen, da sie für genormte Drucksachen-Formate unentbehrlich sind. Die DIN-A-Reihe ist die gebräuchlichste. Aus der DIN-B- und der DIN-C-Reihe werden hauptsächlich Briefumschläge, Schnellhefter, Ordner und Umhüllungen für die DIN-A-Reihe gefertigt. Das Seitenverhältnis aller drei DIN-Reihen beträgt 5 zu 7 (Breite zu Höhe).

Format-klasse	DIN-A-Reihe in cm	DIN-B-Reihe in cm	DIN-C-Reihe in cm
0	84,1 x 118,9	100 x 141,4	91,7 x 129,7
1	59,4 x 84,1	70,7 x 100	64,8 x 91,7
2	42,0 x 59,4	50,0 x 71,7	45,8 x 64,8
3	29,7 x 42,0	35,3 x 50,0	32,4 x 45,8
4	21,0 x 29,7	25,0 x 35,3	22,9 x 32,4
5	14,8 x 21,0	17,6 x 25,0	16,2 x 22,9
6	10,5 x 14,8	12,5 x 17,6	11,4 x 16,2
7	0,74 x 10,5	0,88 x 12,5	0,81 x 11,4
8	0,52 x 0,74	0,62 x 0,88	0,57 x 0,81

Alle Papierformate in der tabellarischen Übersicht sind sogenannte beschnittene oder Endformate. Der Drucker benötigt meist aber ein flächenmäßig etwa 5% größeres Format, um die bedruckten Bogen und Blätter an den Rändern glatt und rechtwinklig auf das gewünschte Endformat beschneiden zu können. Diese beim Papiergroßhandel erhältlichen, etwas größeren Papier- und Kartonbogen nennt man unbeschnittene oder Rohformate. Die drei wichtigsten und damit auch bekanntesten Rohformate sind 43 cm x 61 cm (DIN A2 unbeschnitten), 61 cm x 86 cm (DIN A1 unbeschnitten) und 70 x 100 cm. Das zuletzt genannte Format wird vor allem für Bücher verwendet, für die ein etwas größerer Satzspiegel gewünscht wird, als die DIN-A-Reihe erlaubt.

1.3 Desktop Publishing
Der unaufhaltsame Siegeszug der Computerisierung hat zuerst die Druckindustrie erfaßt und ist anschließend auch in die Werbe- und Grafik-Design-Studios eingedrungen. Immer mehr Grafik-Designer wechseln von der reinen Handarbeit auf die mausgeführte Bildschirmarbeit über. Die anfängliche Euphorie wurde zunächst schnell in der täglichen Praxis gebremst. Dachte man zuerst, man hätte den sprichwörtlichen billigen „Drucker auf dem Schreibtisch", wurde man schnell eines besseren belehrt. Mangelndes Verständnis im Umgang mit dem Computer, horrende Anschaffungskosten und unausgereifte Software bremsten den

Siegeszug erst einmal. Inzwischen wurden Hard- und Software aber immer leistungsfähiger und gleichzeitig immer preisgünstiger, eine Entwicklung, die sich noch beschleunigt hat. Heute gibt es praktisch keinen Satz- oder Reprobetrieb mehr, der auf DTP oder wie man stattdessen lieber sagt, Computer bzw. Electronic Publishing, verzichten könnte. Dasselbe gilt für Werbe- agenturen, Grafik-Design-Studios und Verlage. Es ist kaum zu glauben, wie schnell diese Umstrukturierung vor sich gegangen ist.

Desktop Publishing (DTP) wurde am konsequentesten von dem amerikanischen Computerhersteller Apple mit dem Macintosh propagiert und eingeführt. Die Philosophie von Apple besteht von jeher darin, an- wenderfreundliche Softwareprogramme in Verbindung mit leicht handbarer Hardware zu kreieren. Heute kann man die im Markt konkurrierenden Rechner im wesent- lichen anhand dreier Betriebssysteme unterscheiden: MS-DOS/Windows, Mac OS (Macintosh) und Unix (mit Varianten wie Linux). Aus Sicht der meisten Anwender im Bereich der Printmedien wird das Mac-OS-Betriebs- system favorisiert. Und auch für die Logogestaltung halte ich es für das effektivste – auch nach Einführung von Windows NT und Windows 95.

Das Arbeiten mit Macintosh-Rechnern gestaltet sich einfach – selbst im Vergleich zu Windows 95, das sich dem Mac-OS-Standard angenähert hat. Die Perfor- mance der Power-Macs ist dank der Risc-Technologie unübertroffen. Leistungsfähige, auf Mac-OS abge- stimmte Textverarbeitungsprogramme (StarWriter, Word, WordPerfect), Mal-, Zeichen- und Präsen- tationsprogramme (Painter, FreeHand, Illustrator, Powerpoint), Bildbearbeitungssoftware (PhotoShop), Satz- und Layoutprogramme (MegaPress, PageMaker, QuarkXPress, VivaPress Professional) u. a. bieten mehr Möglichkeiten denn je für sowohl kreatives wie auch rationelles und sehr effizientes Arbeiten. Modulare Programmerweiterungen – meist von Drittanbietern – erhöhen den Funktionsumfang der Standardprogram- me (z.B. XTensions für QuarkXPress).

Nun zum eigentlichen Vorteil der Arbeit mit dem Computer. Bei der konventionellen Arbeitsweise, als Beispiel nehmen wir ein Briefblatt für eine Firma, sieht der Ablauf folgendermaßen aus: Nach dem Entwurf eines Grafikers wird eine Reinzeichnung vom neu entworfenen Logo erstellt. Die fertige Reinzeichnung kommt in die Repro, wo für die folgende Montage Filme belichtet werden. Parallel hierzu wird der Satz für das Briefblatt in einer Fotosatzanlage auf Film ausbelichtet. Es folgt die Montage, bei der alle Elemente des Briefblattes standgenau fixiert werden. In einem Kontaktkopiergerät wird aus der Montage ein Endfilm für die Druckformherstellung belichtet. Nach dem Ausdecken von Flecken in den Filmen wird die Druckplatte kopiert, und der Druck kann beginnen.

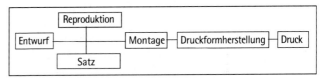

Klassische Arbeitsweise von grafischen Betrieben

Wir sehen also, daß schon bei diesem Beispiel eines einfachen Druckauftrags viele Stationen von der Gestaltung bis zur Produktion zu durchlaufen sind. Das aber ist beim DTP-Prinzip nicht nötig, weil durch Vernetzung aller beteiligten Stationen Material, Zeit und somit Kosten für Konzeption und Herstellung eingespart werden. Das sieht dann, wiederum am Beispiel eines Briefblattentwurfes für eine Firma, folgendermaßen aus: Ein Grafiker entwirft an einem DTP-System mit geeigneter Software das komplette Briefblatt. Das heißt, er entwirft erst das Logo in einem geeigneten Programm und erfaßt dann den zum Briefblatt gehörenden Text wiederum in diesem oder einem anderen Programm. Danach plaziert er alles in gewünschter Position, speichert die Daten und schickt sie auf Datenträger oder über ein öffentliches Netz (ISDN) nach der Genehmigung vom Kunden direkt an die Druckerei. Dort werden die digitalen Informationen direkt auf die Druckplatte übertragen und gedruckt.

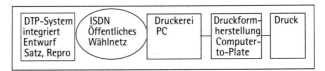

Heute vielfach schon übliche, zukunftsorientierte Arbeitsweise in der Druckindustrie

171

Das bedeutet, daß Repro- und Satzbetriebe mit DTP-Systemen oder Computer Publishing, wie man in der Druckindustrie meist sagt, fast immer wirtschaftlicher arbeiten können. Weitere Vorteile sind Schnelligkeit und Flexibilität des Systems. Das soll heißen, alle Änderungen (Schrift-, Bild-, Farbmodifikationen) sind leicht und schnell zu realisieren. Zudem kann man unter Sichtkontrolle so lange kontrollieren und korrigieren, bis das spätere Druckprodukt den Vorstellungen entspricht.

Betrachten wir zum Schluß noch einen typischen Apple-Macintosh-Arbeitsplatz. In unserem Schaubild sehen wir einen Macintosh-Rechner, an den sämtliche periphere Systemkomponenten angeschlossen sind. Je nach Bedarf können dies Video-Kamera, Bildschirm, externes Laufwerk, externe Speicher, Scanner, Grafik-Tablett und verschiedene Drucker sein. Wichtig ist, daß Sie sich im klaren sind, für welche Zwecke das System benötigt wird. Entsprechend ist es zu konfigurieren. So vermeiden Sie Fehlinvestitionen.

Letzteres gilt zum Beispiel auch für den Kauf eines Laserbelichters, wie er für die Filmbelichtung verwendet wird. Der Preis ist mittlerweile bei Billigversionen auf unter 50000,- DM gefallen. Über einen solchen Belichter können die Daten des DTP-Systems online oder über Datenträger (z.B. Diskette) offline auf lichtempfindliches Papier oder auf Film ausbelichtet werden. Jedoch ist zu bedenken, daß genügend Belichtungen anfallen müssen, damit RIP, Belichter und Entwicklungsmaschine halbwegs ausgelastet sind. In der Regel genügen auch die Ausdrucke von Laserdruckern den Anforderungen, wenn die Auflösung mindestens 600 dpi beträgt. Um den Umweg über Lithos (Filme) zu vermeiden, sollte man eine Druckerei suchen, die direkt von der Aufsichtsvorlage auf die Druckplatte belichten kann oder sogar Direktbelichtung der Dateien auf die Druckplatte anbietet. Diesem letztgenannten Weg – Computer-to-Plate genannt – gehört offenbar die Zukunft. Bei kleinen mehrfarbigen Auflagen empfiehlt sich der xerografische Digitaldruck, besonders dann, wenn innerhalb der Auflage Änderungen (z. B. Personalisierungen) notwendig sind. Ein weiteres zukunftsträchtiges Verfahren ist Computer-to-Press, bei dem die Druckplatte direkt in der Druckmaschine digital bebildert wird (Direct Imaging).

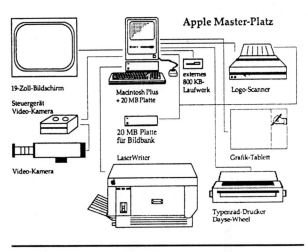

Apple Master-Platz

19-Zoll-Bildschirm

Steuergerät
Video-Kamera

Video-Kamera

Macintosh Plus
+ 20 MB Platte

20 MB Platte
für Bildbank

LaserWriter

externes
800 KB-
Laufwerk

Logo-Scanner

Grafik-Tablett

Typenrad-Drucker
Dayse-Wheel

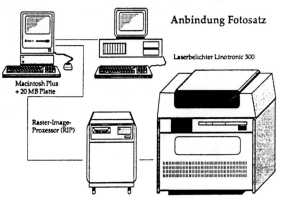

Anbindung Fotosatz

Macintosh Plus
+ 20 MB Platte

Raster-Image-
Prozessor (RIP)

Laserbelichter Linotronic 300

Desktop-Publishing Systemkonfigurationen (Matt, B. J.: Script Einführung in die Drucktechnologie, Stuttgart 1992). Die Abbildung veranschaulicht die technischen Gegebenheiten zu Beginn der neunziger Jahre. Mittlerweile werden weit leistungsfähigere Hardware-Komponenten eingesetzt. Anstelle des Hardware-RIPS verwendet man heute meist Software-RIPS. Die Film-belichtung entfällt für Computer-to-Plate und Digitaldruck.

2 Schlußbemerkungen

Einige persönliche Bemerkungen wollte ich mir doch noch für den Schluß aufsparen.

Zum einen ist es die Erkenntnis, daß meine „alten Lehrmeister" mir nicht viel mehr mitgegeben haben als einige subjektive „Weisheiten", mit denen ich dann in der Praxis kaum etwas anfangen konnte. Jedenfalls ist mir das bewußt geworden, als ich beim Schreiben dieses Buches tiefer in die Materie eingedrungen bin.

Zum anderen mußte ich einsehen, daß die Thematik „Logo" nicht abgehoben von den Grundlagen des Grafik-Designs zu vermitteln ist. Diese Grundlagen aus vielen Disziplinen, wie zum Beispiel Werbung, Informatik, Psychologie, Schriftgeschichte, Typografie, Farbenlehre und Drucktechnik, haben „Logo" fast zwangsläufig zu einer Einführung in das Grafik-Design gemacht, die für Studienanfänger als Orientierungshilfe dienen kann. Aber auch für Auftraggeber, überhaupt für alle, die mit Grafik-Designern zusammenarbeiten müssen, wird „Logo" hilfreich sein.

Last but not least möchte ich mich noch herzlich bedanken, und zwar bei meiner Frau Elke für Ihre psychische Unterstützung in manch schwieriger Zeit. Ohne sie wäre das vorliegende Werk nicht entstanden. Außerdem gilt mein Dank vor allem meinem Vater für die zahlreichen Logobeispiele in diesem Buch. Gedankt sei noch allen Werbeagenturen und Firmen, die es mir ermöglicht haben, gute Logobeispiele zu zeigen.

Esslingen, im Januar 1996   Michael Bernd Siegle

Grafikerverzeichnis der Logo-Beispiele

Es wurden bei der Auswahl auch Logos berücksichtigt,
die der Klient nicht verwendet hat.

1
Klient: Saur, Horb
Grafik-Designer: Bernhard Siegle
Agentur: Rewiako, Leonberg; siegle, baden-baden/esslingen

2
Klient: Pfisterer & Oettinger, Neuenstein-Untereppach
Grafik-Designer: Michael Bernd Siegle
Agentur: Rewiako, Leonberg

3
Klient: Grau, Fellbach
Grafik-Designer: Daniela Fischer, Michael Bernd Siegle
Agentur: Rewiako, Leonberg; siegle, baden-baden/esslingen

4
Klient: Afken, Neuhausen
Grafik-Designer: Bernhard Siegle
Agentur: siegle, baden-baden/esslingen

5
Klient: Oesterle, Nagold
Grafik-Designer: Bernhard Siegle
Agentur: Voelkel, Beilstein

6
Klient: Rufalex, Kirchberg (CH)
Grafik-Designer: Bernhard Siegle
Agentur: Simplex, Bern-Zollikofen (CH)

7
Klient: Vornbrock, Dorsten
Grafik-Designer: Michael Bernd Siegle
Agentur: Drescher, Rutesheim

8
Klient: Raum und Holz, Illiswil-Wöhlen (CH)
Grafik-Designer: Bernhard Siegle
Agentur: Simplex, Bern-Zollikofen (CH)

9
Klient: Toms, Esslingen
Grafik-Designer: Bernhard Siegle
Agentur: Rommelspacher, Wendlingen

10
Klient: Hegg, Münchenbuchsee (CH)
Grafik-Designer: Bernhard Siegle
Agentur: Simplex, Bern-Zollikofen (CH)

11
Klient: Baars, Hittbergen
Grafik-Designer: Michael Bernd Siegle
Agentur: Drescher, Rutesheim

12
Klient: Christen, Hasle-Rüegsau (CH)
Grafik-Designer: Bernhard Siegle
Agentur: Simplex, Bern-Zollikofen (CH)

13
Klient: Sibera, Leinfelden-Echterdingen
Grafik-Designer: Bernhard Siegle
Agentur: siegle, baden-baden/esslingen

14
Klient: Viscom, Zürich (CH)
Grafik-Designer: Bernhard Siegle
Agentur: Simplex, Bern-Zollikofen (CH)

15
Klient: Consequent, Villingen Schwenningen
Grafik-Designer: Bernhard Siegle
Agentur: Busch, Villingen; siegle, baden-baden/esslingen

16
Klient: Mensch & Büro-Akademie, Baden-Baden
Grafik-Designer: Bernhard Siegle
Agentur: siegle, baden-baden/esslingen

17
Klient: System-Support, Kehrsatz (CH)
Grafik-Designer: Bernhard Siegle
Agentur: Simplex, Bern-Zollikofen (CH)

18
Klient: Landgasthof Schönbühl, Schönbühl (CH)
Grafik-Designer: Bernhard Siegle
Agentur: Simplex, Bern-Zollikofen (CH)

19
Klient: Kurklinik Limberger, Bad Dürrheim
Grafik-Designer: Bernhard Siegle
Agentur: Busch, Villingen; siegle, baden-baden/esslingen

20
Klient: Flughafen Belpmoos, Belpmoos (CH)
Grafik-Designer: Bernhard Siegle
Agentur: Simplex, Bern-Zollikofen (CH)

21
Klient: Burger, Pfinztal-Söllingen
Grafik-Designer: Michael Bernd Siegle
Agentur: Rewiako, Leonberg

22
Klient: Jedlitschka und Baumgärtner, Saulgau
Grafik-Designer: Bernhard Siegle
Agentur: siegle, baden-baden/esslingen

23
Klient: Fehlmann, Bern-Münchenbuchsee (CH)
Grafik-Designer: Bernhard Siegle
Agentur: Simplex, Bern-Zollikofen (CH)

24
Klient: Residencia Las Norias, La Palma (Kanarische Inseln)
Grafik-Designer: Bernhard Siegle
Agentur: siegle, baden-baden/esslingen

25
Klient: Schoppenhauer, Bremerhaven
Grafik-Designer: Michael Bernd Siegle
Agentur: Drescher, Rutesheim

26
Klient: SDR Big Band, Stuttgart
Grafik-Designer: Bernhard Siegle
Agentur: siegle, baden-baden/esslingen

27
Klient: Autohaus Haase, Moers-Schwafheim
Grafik-Designer: Michael Bernd Siegle
Agentur: Drescher, Rutesheim

28
Klient: Auto Besch, Biel-Bienne (CH)
Grafik-Designer: Bernhard Siegle
Agentur: Simplex, Bern-Zollikofen (CH)

29
Klient: Erb, Frickenhausen
Grafik-Designer: Bernhard Siegle
Agentur: siegle, baden-baden/esslingen

30
Klient: Endspurt, Dillenburg
Grafik-Designer: Bernhard Siegle
Agentur: siegle, baden-baden/esslingen

31
Klient: FTE, Bern (CH)
Grafik-Designer: Bernhard Siegle
Agentur: Simplex, Bern-Zollikofen (CH)

32
Klient: Baier und Scholl, Esslingen
Grafik-Designer: Bernhard Siegle
Agentur: Contrast, Ruit

33
Klient: Simplex, Bern-Zollikofen (CH)
Grafik-Designer: Bernhard Siegle
Agentur: siegle, baden-baden/esslingen

34
Klient: Riedle, Heilbronn
Grafik-Designer: Michael Bernd Siegle
Agentur: Rewiako, Leonberg

35
Klient: Haufler, Stuttgart
Grafik-Designer: Bernhard Siegle
Agentur: Rewiako, Leonberg

36
Klient: Optik Baudenbacher, Bern-Zollikofen (CH)
Grafik-Designer: Bernhard Siegle
Agentur: Simplex, Bern-Zollikofen (CH)

37
Klient: Wespi, Niederwangen (CH)
Grafik-Designer: Bernhard Siegle
Agentur: Simplex, Bern-Zollikofen (CH)

38
Klient: Ciampa, Unterkirnach
Grafik-Designer: Bernhard Siegle
Agentur: Busch, Villingen

39
Klient: Stalder, Oberdiessbach (CH)
Grafik-Designer: Bernhard Siegle
Agentur: Simplex, Bern-Zollikofen (CH)

40
Klient: Rieger, Anspach
Grafik-Designer: Bernhard Siegle
Agentur: Voelkel, Beilstein

41
Klient: Hass, Besigheim
Grafik-Designer: Andreas Stütz
Agentur: Voelkel, Beilstein

Literaturverzeichnis

Behrens, G.: Werbepsychologie, München 1991

Bergner, W.: Grundlagen der Typografie, Itzehoe 1990

Birkigt, K., Stadler, M. M.: Corporate Identity, Landsberg Lech 1986

Bondy, C.: Einführung in die Psychologie, Frankfurt/M., Berlin 1990

Favre, J.-P., November, A.: Color and communication, Zürich 1979

Frutiger, A.: Der Mensch und seine Zeichen, Paris 1978

Golpon, R.: Reproduktionsverfahren, Frankfurt 1993

Gotta, M. et al.: Brand News. Wie Namen zu Markennamen werden, Hamburg 1988

Gööck, R.: Die großen Erfindungen, Schrift, Druck, Musik, Würzburg 1984

Heckenschütz, D.: Lehrer ärger Dich!, Frankfurt 1989

Hochuli, J.: Das Detail in der Typografie, München 1990

Huth, R., Pflaum, D.: Einführung in die Werbelehre, Stuttgart 1991

Jacobi, J.: Die Psychologie von C. G. Jung, Olten 1971

Klemz, W.: Markante Firmenzeichen, Hannover

Kroeber-Riel, W.: Konsumentenverhalten, München 1990

Lefrancois, G. R.: Psychologie des Lernens, Berlin, Heidelberg, New York 1986

Leonhard, W.: Heraldik, in: Novum, München 1979

Leu, O.: Corporate Design, München 1992

Matthaei, J. M.: Grundfragen des Grafik-Design, Augsburg 1990

Moser, K.: Werbepsychologie, München 1990

Paivio, A.: Imagery and Verbal Processes, New York, Chicago 1971

Pesch, J.: Grundzüge des Marketing, München 1988

Pflaum, D., Bäuerle, F.: Lexikon der Werbung, Landsberg am Lech 1991

Spiegel, B.: Werbepsychologische Untersuchungsmethoden, Berlin 1970

Stankowski, A., Duschek, K.: Visuelle Kommunikation: Ein Design Handbuch, Berlin 1989

Teigeler, P.: Verständlich sprechen, schreiben, informieren, Bad Honnef 1982

Tinker, M. A.: Legibility of print, Ames, IO, Iowa State University 1969

Unger, F.: Werbemanagement, Heidelberg 1989

Watzlawick, P.: Wie wirklich ist die Wirklichkeit?, München 1976

Weber, E. A.: Sehen, Gestalten und Fotografieren, Berlin 1979

Webers, J.: Handbuch der Film- und Videotechnik, München 1991

Wildbur, P.: Warenzeichen-Design, Ravensburg 1966

Diese Aufstellung enthält nur die vom Autor verwendete Fachliteratur. Die neueste ergänzende und weiterführende Literatur ist hier nicht aufgeführt, weil sie – insbesondere soweit sie die Techniken betrifft – sehr schnell veraltet. Auf Anforderung erhalten Sie jedoch vom Verlag Beruf + Schule, Postschließfach 2008, D-25510 Itzehoe, kostenlos eine aktuelle Diskette mit empfehlenswerten lieferbaren Titeln zu Grafik-Design, Typografie, Satz, Reproduktion, Farbe und Bedruckstoffen, Druck und Druckweiterverarbeitung.

Stichwortverzeichnis

Anschriften von Verbänden und Organisationen

Die Angaben entsprechen dem Stand bei Redaktionsschluß.
Daher besteht keine Gewähr für Aktualität.

Arbeitsgemeinschaft Media-Analyse e.V.
Wolfsgangstraße 92, 60322 Frankfurt
Telefon (0 69) 15 68 05-0, Fax (0 69) 15 68 05-40

Börsenverein des Deutschen Buchhandels e. V.
Großer Hirschgraben 17-21, 60311 Frankfurt
Telefon (0 69) 13 06-0, Fax (0 69) 1 30 62 01

Bund Deutscher Buchbinder-Innungen BDBI
Heinrichsallee 72, 52062 Aachen
Telefon (02 41) 53 27 09, Fax (02 41) 50 90 80

Bund Deutscher Grafik-Designer e.V.
Kreuzbergstraße 1, 40489 Düsseldorf
Telefon (02 11) 4 79 06 70

Bundesverband der Presse-Bildagenturen
und Bildarchive e.V.
Mommsenstraße 21, 10629 Berlin
Telefon (0 30) 3 24 99 17

Bundesverband des Deutschen Papiergroßhandels e.V.
Mühlenstraße 2, 29221 Celle
Telefon (0 51 41) 2 40 08, Fax (0 51 41) 65 57

Bundesverband Deutscher Zeitungsverleger e.V.
Riemenschneiderstraße 10, 53175 Bonn
Telefon (02 28) 81 00 40, Fax (02 28) 8 10 04 15

Bundesverband Druck E.V.
Biebricher Allee 79, 65187 Wiesbaden
Telefon (06 11) 8 03-0, Fax (06 11) 80 31 13

Deutscher Kommunikationsverband BDW e.V.
Königswinterer Straße 552, 53227 Bonn
Telefon (02 28) 44 45 60, Fax (02 28) 44 45 03

Fachverband Reprografie e.V.
An den Drei Steinen 23, 60435 Frankfurt
Telefon (0 69) 54 10 73, Fax (0 69) 50 10 16

Fachvereinigung der Bunt- und Metall-
Papierfabriken FBM
Widenmayerstraße 39, 80538 München
Telefon (0 89) 2 12 30 50, Fax (0 89) 21 23 05 55

FAMA Fachverband Messen und Ausstellungen e.V.
Messezentrum, 90471 Nürnberg
Telefon (09 11) 8 14 71 02, Fax (09 11) 8 14 90 90

FBD Fachverband Buchherstellung
und Druckverarbeitung e.V.
Jessenstraße 4, 22767 Hamburg
Telefon (0 40) 38 17 17, Fax (0 40) 38 17 18

Fördergemeinschaft Buch-Leinen e.V.
Postfach 1602, 71229 Leonberg
Telefon (0 71 52) 7 10 71

Gesamtverband Werbeagenturen GWA
Friedensstraße 11, 60311 Frankfurt
Telefon (0 69) 2 56 00 80

Hauptverband der Papier, Pappe und Kunststoffe
verarbeitenden Industrie HPV e.V.
Arndtstraße 47, 60325 Frankfurt
Telefon (0 69) 9 75 73 50

Informationsgemeinschaft zur Feststellung
der Verbreitung von Werbeträgern e.V.
(IVW)
Villichgasse 17, 53177 Bonn
Telefon (02 28) 8 20 92 50, Fax (02 28) 36 51 41

Markenverband e.V.
Schöne Aussicht 59, 65193 Wiesbaden
Telefon (06 11) 52 20 71, Fax (06 11) 52 85 29

Produktioner-Club e.V.
Lützowstraße 23, 50674 Köln
Telefon (02 21) 23 67 87, Fax (02 21) 24 46 86

Stiftung Buchkunst
Sophienstraße 8, 60487 Frankfurt
Telefon (0 69) 70 80 81, Fax (0 69) 70 24 18

VDP Verband Deutscher Papierfabriken e.V.
Adenauerallee 55, 53113 Bonn
Telefon (02 28) 2 67 05-0, Fax (02 28) 2 67 05 62

Verband der Druckfarbenindustrie
Karlstraße 21, 60329 Frankfurt
Telefon (0 69) 25 56-13 51, Fax (0 69) 25 30 87

Verband Deutscher Adreßbuchverleger e.V.
Grabenstraße 5, 40213 Düsseldorf
Telefon (02 11) 32 09 09, Fax (02 11) 32 69 92

Verband Deutscher Zeitschriftenverleger e.V.
Winterstraße 50, 53177 Bonn
Telefon (02 28) 39 20 30, Fax (02 28) 8 82 03 40

Verwertungsgesellschaft Bild-Kunst
Poppelsdorfer Allee 43, 53115 Bonn
Telefon (02 28) 9 15 34-0, Fax (02 28) 9 15 34-38

Zentrale zur Bekämpfung unlauten Wettbewerbs e.V.
Postfach 25 55, 61348 Bad Homburg
Telefon (0 61 72) 1 21 50, Fax (0 61 72) 8 44 22

Zentralverband der deutschen Werbewirtschaft
ZAW e.V.
Villichgasse 17, 53177 Bonn
Telefon (02 28) 8 20 92-0, Fax (02 28) 35 75 83

Anschriften von Ausbildungsstätten im Fachbereich Kommunikationsdesign/Grafik-Design

Die Angaben entsprechen dem Stand bei Redaktionsschluß.
Daher besteht keine Gewähr für Aktualität.

Fachhochschule, Kommunikationsdesign
Boxgraben 10, 52064 Aachen

Fachhochschule,
Kommunikations-/Grafik-Design
Baumgartnerstraße 16, 86161 Augsburg

Hochschule der Künste, Kommunikationsdesign
Hardenbergstraße 33, 10595 Berlin

Fachhochschule, Kommunikationsdesign,
Grafik-Design, Fotografie-Design
Kurt-Schumacher-Straße 6, 33615 Bielefeld

Hochschule für Bildende Künste, Grafik-Design
Postfach 25 38, 38015 Braunschweig

Hochschule für Künste, Grafik-Design
Am Wandrahm 23, 28195 Bremen

Fachhochschule, Kommunikationsdesign
Olbrichweg 10, 64287 Darmstadt

Fachhochschule Anhalt, Grafik-Design
Gropiusallee 38, 06846 Dessau

Fachhochschule, Kommunikationsdesign,
Grafik-Design, Fotodesign
Sonnenstraße 96, 44047 Dortmund

Fachhochschule, Grafik-Design
Universitätsstraße 23.31/32, 40225 Düsseldorf

Fachhochschule, Grafik-Design
Schlüterstraße 1, 99089 Erfurt

Universität Essen, Gesamthochschule,
Kommunikationsdesign
Universitätsstraße 12, 45141 Essen

Hochschule für Kunst und Design, Gebrauchsgrafik,
Lehr- und Lernmitteldesign, Designinformatik
Burg Giebichenstein, Neuwerk 7, 06108 Halle

Fachhochschule, Kommunikationsdesign
Winterhuder Weg 29, 22085 Hamburg

Hochschule für bildende Künste,
Kommunikationsdesign, Grafik-Design
Lerchenfeld 2, 22081 Hamburg

Hamburger Akademie, Berufsfachschule
für Kommunikationsdesign und Art Direction
Spaldingstraße 218, 20097 Hamburg

Fachhochschule Hannover,
Kommunikationsdesign, Grafik-Design
Ricklinger Stadtweg 118, 30459 Hannover

Fachhochschule Hildesheim/Holzminden,
Grafik-Design
Kaiserstraße 43-45, 31134 Hildesheim

Universität Gesamthochschule Kassel,
Grafik-Design, Fotodesign
Möncheberstraße 19, 34109 Kassel

Fachhochschule, Kommunikationsdesign
Grenzstraße 3, 24149 Kiel

Fachhochschule, Kommunikationsdesign,
Grafik-Design
Reitweg 1, 50679 Köln

Institut für Kommunikationsdesign
an der Fachhochschule, Kommunikationsdesign
Seestraße 33, 78464 Konstanz

Fachhochschule Niederrhein, Grafik-Design
Petersstraße 123, 47798 Krefeld

Hochschule für Grafik und Buchkunst,
Grafik-Design, Buchkunst, Fotografie/Fotografik
Wächterstraße 11, 04008 Leipzig

Fachhochschule Rheinland-Pfalz,
Kommunikationsdesign
Holzstraße 36, 55116 Mainz

Städtische Fachhochschule für Gestaltung,
Grafik-Design
E 3, 16, 68030 Mannheim

Fachhochschule, Kommunikationsdesign
Lothstraße 34, 80335 München

Städtisches Berufsbildungszentrum Druck,
Grafik und Fotografie,
Berufsfachschule für Grafik und Werbung
Pranckhstraße 2, 80335 München

Fachhochschule Münster, Grafik-Design
Hüfferstraße 27, 48016 Münster

Georg-Simon-Ohm-Fachhochschule,
Kommunikationsdesign
Postfach 21 03 20, 90121 Nürnberg

Akademie der Bildenden Künste in Nürnberg,
Grafik-Design
Bingstraße 60, 90480 Nürnberg

Hochschule für Gestaltung,
Kommunikationsdesign
Schloßstraße 31, 63065 Offenbach

Fachhochschule für Gestaltung, Grafik-Design
Holzgartenstraße 36, 75175 Pforzheim

Fachhochschule Potsdam, Grafik-Design
Friedrich-Ebert-Straße 4, 14467 Potsdam

Kerschensteinerschule,
Fachschule für Informationsdesign
Charlottenstraße 19, 72764 Reutlingen

Hochschule der Bildenden Künste,
Grafik-Design
Keplerstraße 3-5, 66117 Saarbrücken

Fachhochschule für Gestaltung,
Kommunikationsdesign, Grafik-Design
Rektor-Klauß-Str. 100, 73525 Schwäbisch Gmünd

Fachhochschule für Druck, Grafik-Design
Nobelstraße 10, 70569 Stuttgart

Johannes-Gutenberg-Schule,
Berufskolleg für angewandte Grafik
Rostocker Straße 25, 70376 Stuttgart

Fachhochschule Rheinland-Pfalz, Abt. Trier,
Kommunikationsdesign
Schneidershof, 54293 Trier

Hochschule für Architektur und Bauwesen,
Kommunikationsdesign
Geschwister-Scholl-Straße 8, 99423 Weimar

Fachhochschule, Kommunikationsdesign
Kurt-Schumacher-Ring 18, 65195 Wiesbaden

Fachhochschule für Technik, Wirtschaft
und Gestaltung Wismar, Grafik-Design
Kühlungsborner Straße 26, 18209 Heiligendamm

Bergische Universität Gesamthochschule,
Visuelle Kommunikation
Haspeler Straße 27, 42285 Wuppertal

Fachhochschule Würzburg-Schweinfurt,
Visuelle Kommunikation
Münzstraße 12, 97070 Würzburg